淳于意

医籍长存

霍珊 治丁铭 编写

吉林出版集团股份有限公司
全国百佳图书出版单位

图书在版编目（CIP）数据

医籍长存 淳于意／霍珊，治丁铭编. —— 长春：
吉林出版集团股份有限公司，2020.2（2023.5重印）
ISBN 978-7-5581-7918-1

Ⅰ. ①医… Ⅱ. ①霍… ②治… Ⅲ. ①淳于意（约前
205-前150）-传记 Ⅳ. ①K826.2

中国版本图书馆CIP数据核字(2019)第272651号

医籍长存 淳于意   编　写　霍　珊 | 责任编辑　黄　群
YIJI CHANGCUN   治丁铭 | 林　琳
CHUNYU YI   策　划　曹　恒 | 封面设计　MM末末美书

		开　本	710mm×1000mm　1/16	出版/发行	吉林出版集团股份有限公司
字　数	75千	地　址	吉林省长春市福祉大路5788号
印　张	8	邮　编	130000
版　次	2020年2月第1版	电　话	0431-81629968
印　次	2023年5月第2次印刷	邮　箱	11915286@qq.com

印　刷　三河市金兆印刷装订有限公司　ISBN 978-7-5581-7918-1　定　价　39.80元

前言

　　中医文化是中国优秀传统文化的重要组成部分，具有创新文化的潜质。中医学是中国传统科学中沿用至今的富有中国文化特色的医学，它具有完备的理论体系，独特的诊疗方法和显著的临床疗效等特征。在中华民族五千年的历史长河中，中医学始终担负着促进人身健康的重要角色，是中华民族长期同疾病作斗争的智慧结晶，它为中华民族的繁衍、昌盛提供了重要保障。

　　《医籍长存　淳于意》这本书主要收录了淳于意的成长经历和奇闻逸事等。读者通过这些故事，可以了解中医名家救死扶伤、拯救天下苍生的医德精神和中医文化的博大精深。

本书内容通俗生动，易于读者阅读。书中配以与中医文化知识相关的图片，并选取了具有代表性的淳于意家乡的特色风光作为跨页大图，使本书的内容更加生动传神，更具亲和力和吸引力。本书不仅是为了让读者了解中医文化，更是为了讲好"中国故事""中医故事"。

　　希望通过本书，读者对优秀中医文化会有更加深刻的了解和认识，能够更加热爱中医文化。通过我们对医学名家的传颂，优秀的中医文化必将再放异彩。

目录

MU
目
LU
录

淳于意，汉初医学家。姓淳于，名意，齐国临菑（今山东淄博东北）人。《史记》记载了他的二十五例医案，称为"诊籍"，是中国现存最早的病史记录。

第一章

西 汉 神 医 淳 于 意 — 太 仓 公 的 故 事

淳于意为什么被人们称为仓公？他是如何掌握高超的医术并开始行医救人的？他这样一个医术了得的人，在行医的过程中，是一帆风顺，还是历经坎坷？他为中医的发展做出了哪些贡献呢？让我们先从仓公淳于意的生平开始，一步一步地了解仓公的故事。

淳于意（约公元前205—公元前150年），临菑人，西汉著名医学家，曾任齐国（西汉封国）太仓令，又称仓公或太仓公。淳于意精于医道，擅长辨证审脉，是我国医学史上重要的代表人物。仓公淳于意医术精湛，广泛传授医术。他因才施教，培养出宋邑、高期、王禹、冯信、杜信、唐安以及齐丞相府的宦者平等人，是秦汉时期文献记载中带徒最多的一位医家。后人在龙山石窟中，奉祀仓公为十大医神之一，称其为"先医太仓公淳于真人"。

仓公淳于意用其行医病历著成的《诊籍》，是我国现存最早，体例较为完备的医案，它既保存了西汉之前医学典籍的相

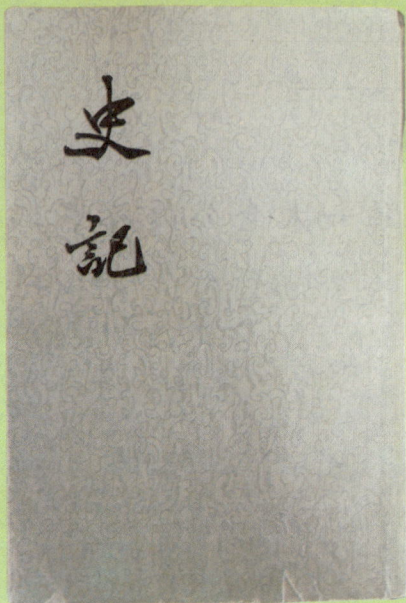

《史记》

关资料，又真实反映了西汉初年医学发展水平，在中医医学史上具有极高的研究价值。其体例内容，成为后世撰写医案的主要规范。通过《诊籍》，可以了解仓公淳于意在临床中高超的诊治手段。同时，《诊籍》也为研究《黄帝内经》、马王堆医书的成书年代提供了重要的佐证，对探讨中医发展流程具有不可或缺的参考价值。对于仓公淳于意的医学成就，司马迁给予了高度评价，曾说："扁鹊言医，为方者宗。守数精明，后世修（循）序，弗能易也，而仓公可谓近之矣。"司马迁将仓公淳于意和扁鹊相提并论，并为之撰写《扁鹊仓公列传》，突显了仓公淳于意在中国医学史上的地位。

淳于意浮雕

湖
泊

东汉末年的张仲景在《伤寒杂病论·序》中肯定了仓公淳于意的医学地位，认为："上古有神农、黄帝、岐伯、伯高、雷公、少俞、少师、仲文，中世有长桑、扁鹊，汉有公乘阳庆及仓公，下此以往，未之闻也。"但在世人眼中，只识扁鹊，却对这位与之齐名的西汉名医知之不多；只知其女缇萦，却对仓公淳于意了解甚少，这不得不说是历史的缺憾。

知识加油站

太仓令：汉朝官职，大司农所属有太仓令及丞。隋唐称太仓署，其官有仓令、丞等。太仓是王朝的总粮仓。

伤寒论

《伤寒论》

初秋

第二章

公孙光一朝传艺 淳于意跨入医门

淳于意出生在一个很普通的家庭里，家境并不富裕，但是他的父母很明事理，知道好的教育对孩子的一生是多么的重要，省吃俭用也要让淳于意上学。淳于意不负众望，成绩优异，但当他看到了很多没钱看病的人是那么痛苦之后，他立志成为一名医者，治病救人，从此开始了学医之路。

大约在公元前 205 年，在广阔的秦朝疆土上，有一处叫临菑的地方（今山东淄博市临菑区），是战国时的齐国国都。在这里出生了一个男孩，他就是淳于意。刚出生的淳于意与其他的孩子相比，并没什么特别之处，只是发髻线较高，显得面圆额方、眉清目秀。左邻右舍听说淳于家喜得贵子，便纷纷来道喜，在这个贫寒的村庄，乡亲们的真诚祝福让淳于意的父亲非常地高兴，向来人还礼答谢。大家将淳于意左抱抱，右看看，虽然大家七嘴八舌，吵吵嚷嚷地议论着，但淳于意那稚嫩红扑扑的小脸依然安详自如，并不哭闹。很多老人都说："这个孩子以后是个有福的人，会有大出息。"还有老人家说:"这孩子不仅有福气,还很有灵性,你看我们这么多人抱他,他都不哭闹,以后做事一定是个稳重的人。"说完,大家都哈哈大笑起来。

大家的话语引起了淳于意父亲的思索,既然邻居们都说这个孩子聪明,我们何不多辛苦一些,把孩子培养成一个有用的人才呢!他把这个想法告诉了淳于意的母亲,母亲微笑着点点头。转眼五年过去了,淳于意到了上学的年纪,父亲含辛茹苦的耕作,拿着数年来微薄的积蓄,送淳于意进了一间私塾念书。淳于意果然没有辜负父母与邻居们的期望,不仅学习成绩优异,而且懂得敬重师长,乐于帮助贫苦人家的孩子,因此常常得到老师和父辈的赞许。就这样,淳于意在家乡度过了童年,渐渐地成长为风度翩翩的青年。

淳于意自小家里贫寒,常常见到许多穷人由于无钱治病而死去,于是他自小立志学医,为穷人治病。长大后他搜集医方,苦心钻研,并且试着为病人诊病,但有时见疗效,有时则没有效果。这个时候,淳于意突然意识到,单靠自学医术是不行的,必须拜师学医。

一次,他听别人说菑川有一位叫公孙光的医者,乐于向别人传授医术和古代医方,淳于意知道之后非常高兴,立即启程前往求教。

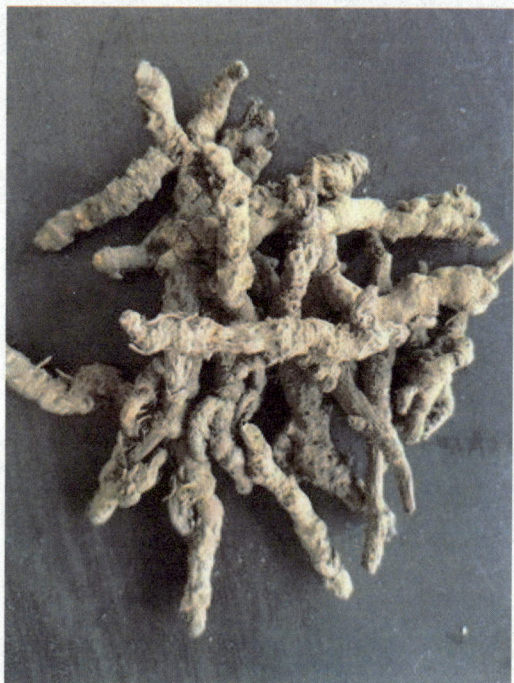

黄连

公孙光被淳于意千里求师的诚意打动，于是就收淳于意为徒，悉心传授。淳于意聪明、认学、肯吃苦，跟着公孙光努力学习医术，每天都是鸡鸣起床背诵公孙光传授的古药方，并且还在做家务的同时心里默默地背诵，反复记忆，每天晚上还会用默写的方式来巩固自己白天所学的古药方。就这样，过了一段时间，公孙光传授的古药方，淳于意已经全部熟悉了，但是他仍然一如既往地侍奉公孙光，和平常一样虚心地向公孙光求学。

有一天晚上，公孙光拿出了一张新的古药方，提出要两个人一起研究，淳于意先侍奉公孙光坐在油灯下面，自己在对面坐下。但是这张古药方公孙光并没有像以往那样讲解，而是让淳于意自己先看。淳

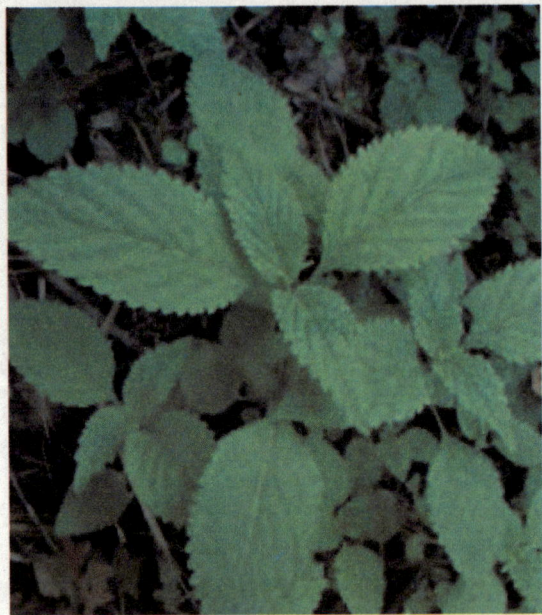

荆芥

于意看了一会之后，想了想一些相近的古药方，又根据自己这段时间以来所学的知识和自己以前的行医经验，说出了自己的见解，这个见解让公孙光很是认同，公孙光拍掌叫好，说道："你真是一个难得的人才，将来一定会成为一代名医的，可惜为师学识有限，无法再继续指点你了。"淳于意用满怀感激的目光望着公孙光，并激动地说道："弟子已经从先生这里获益良多了。"淳于意十分感恩公孙光，因为古代的行医都是口口相传，没有公孙光的教诲，淳于意的医术还只是停留在自学摸索的阶段，所以对于淳于意来说，公孙光可以算作淳于意医术的启蒙老师，淳于意对公孙光的感恩之情自然无以言表。公孙光用赞赏的目光看着淳于意，然后缓缓地站起身，望着窗外，若有所思地说道："这样吧，我介绍你到公乘阳庆那里儿去深造，公乘阳庆的学识远高于我，我望尘莫及，他看病救人所开的医方都非常地奇特并且又非常灵验。想当初年轻的时候，我也曾经想和他学习，但是公乘阳庆非常地挑剔，一直想找一个医学天分高的弟子，他曾经说过我并没有这个方面的天赋，所以没有答应我。他本身并不是随便收弟子的，不过，我看你聪明过人，学医又肯吃苦钻研，能够做到举一反三，我把你推荐给他，相信他一定会收下你的。"

公乘阳庆当时是一名很有名的医者，也是淳于意一直仰慕的一位前辈，但是之前淳于意并没有在医术方面有过任何学习，都是靠自学，并且也曾听说过公乘阳庆收徒弟很挑剔，轻易不招收弟子，所以一直只是在心里默默地仰慕。如今他没有想到公乘阳庆竟然和公孙光认识，并且自己师从公孙光，在医术学习上面也算是已经入门，如今公孙光还可以帮着自己引荐，这让淳于意很是高兴，真是大喜过望。

知识加油站

私塾：是中国古代社会盛行的一种民间幼儿教育机构，类似于现在的小学。私塾都是民办的，开设于家庭、宗族或乡村内部，以教授儒家思想为主，它是私学的重要组成部分。

第三章

公乘阳庆传秘方 淳于意学医有成

年轻的淳于意一直在钻研医术，到处找寻高人，拜师学艺，后来成为名医公孙光的弟子。由于淳于意有一颗为民学医的热诚之心，所以在学习中特别刻苦努力，得到了老师公孙光的认可，公孙光决定把淳于意推荐给医术更高的人去学习，这个人名叫公乘阳庆。从此，淳于意医术精进，终于学有所成。

二十六岁那年，在公孙光的推荐下，淳于意见到了公乘阳庆。公乘阳庆考核了一下淳于意的医学知识，并询问了几个不同病症的古药方和医方，淳于意都一一作答，但是他并没有完全按照公孙光所传授的知识作答，而是加入了自己的见解。公乘阳庆看此人医学基础知识扎实，并且聪明伶俐，说话作答都思路清晰，还是由公孙光引荐的弟子，就让淳于意留了下来。

公乘阳庆这时已经是七十多岁的高龄了，淳于意很珍惜这次学习的机会，也很庆幸自己可以转投到公乘阳庆门下。淳于意很听老师的话，从来都是认认真真地完成老师交代的任何一项学习任务，而且时

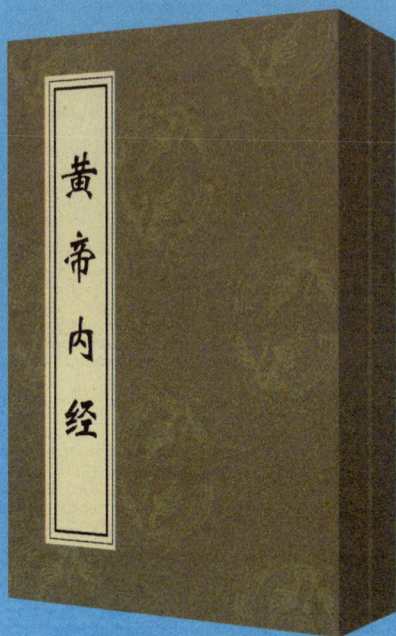

《黄帝内经》

时刻刻侍奉在公乘阳庆身边，对于遇到不懂的事情都仔细地记录下来，然后虚心请教。

淳于意虚心好学的态度深深地感动了公乘阳庆，有一天，他对淳于意说："现在我要你抛开你以前学过的全部医书，因为这些医书在我看来都是不正确的。我有古代先辈医家传授的黄帝、扁鹊的诊脉书，以及观察面部颜色来诊病的方法，使你通过病人的病症判定能否医治，还有药剂理论的书籍都非常精辟。我家中富足，只因我心里喜欢你，才想把自己收藏的秘方和书部全教给你。""太幸运了，这些都是我不敢奢望的"。淳于意说完，再次拜谢老师。淳于意学习了公乘阳庆传授的《脉书》

《上经》《下经》《五色珍》《奇咳术》《药论》《揆度》《药论》《石神》《阴阳外变》等书。还学会观察人的面部五色（青赤黄白黑）来诊病，以此预知人的生死，决断疑难杂症，判定是否可治，还学习了药剂的理论。学习时淳于意多注意解析体验，以疗效为主，反复参悟，就这样用了约一年时间。在这一年里，淳于意没有去实践看病，而是以学医书为主，刻苦背诵公乘阳庆传授的这些绝版医书，并且根据医书上面的知识反复进行验证和解析。他把每一天除了侍奉老师之外的时间全部用来钻研，遇到不懂的就请教公乘阳庆，然后自己再反复研读，结合老师的讲解再次进行剖析和验证。可以说，通过一年时间研究这些医书，淳于意的医学知识达到了一个新的阶段，为他以后的医学生涯奠定了坚实的基础。

第二年，淳于意开始试着为人治病，虽然和以前相比，治病的成功率提高了很多，但是还是不能很精确地找到病患的病因，需要反复的实验才能慢慢地找到病因，此时淳于意也意识到寻找病因的重要性。淳于意又向公乘阳庆学习了三年，经过三年苦学，淳于意的医术突飞猛进，医道大精。自此，淳于意告别了老师公乘阳庆，开始行医。

知识加油站

药方：医生为某种病症对症下药所开的方子，最早出现在中医寻医问诊中，不同的病症会开出不同的药方。在世界文化科技史上，中医是历经2000余年仍能焕发勃勃生机的文化与科技奇迹，而中医药方也是传统中医文化的智慧结晶和组成部分。

山
脉

第四章

太平盛世官无趣　行医方能成功名

在专职行医之前，淳于意任职齐国太仓令，负责管理粮仓。一个偶然的机会，淳于意路遇急症病人，他施展医术，使病人转危为安。这件事，使淳于意开始思考自己的人生，到底是做官还是行医？我们也想知道，明明医术高超的淳于意，为什么却要做官而没有行医，是有什么原因吗？

早上，同往常一样，临菑城内人来人往。街道上车水马龙，马车拉着各种各样的货物进进出出。走了一阵子，淳于意远远看见一个巨大的仓库，里面一排排高大的粮囤从院墙上面露出来。

大门前，巨大的横木牌坊上写着："齐国太仓"四个大字。

一长串粮车慢慢地朝那里边挪动着，拉车的中年男人好不容易才进了大门。眼见快到里边时，粮车已分成了几队，行驶到了每个囤子前。每个囤子前各有一个衙役和文吏在斗量，衙役每量一斗，都用木杆刮平了，再往囤里倒。文书按照姓名一笔笔记着，衙役的唱喝声和文书的算盘声

杏林大观园国药博览园泥人张彩塑

汇成了一曲动人的乐章。

仓库总管太仓令淳于意也在这人流间，只见他左摸摸，右看看，不时地点着头。总算轮到了一男子，文书问道："你叫什么名字？"答道："李四。"文书翻开账本道："李四，你家有一百二十亩地，按天子十五税一的新法，你家应交二十七石"。李四说："是。"便打开自己的粮袋，让衙役量。不多时就量完了。文书拨过了算盘说道："李四，你交的麦子怎么多了一石？"李四说："今年风调雨顺，庄稼丰收了，当然要多交一点儿啦！"文书说："你倒是个老实人，但太仓令大人有令：'只能按常年收，不能亏老百姓。'多的拿回去吧。"李四忙说："没关系啦！当今捐税一减再减，我们日子好了，也不能忘了皇上和大王。"

文书摆摆手道："不行，不行，大人有令，不能多收，你还是拿回去吧。"李四有些急了："我这么远拉来，就不会拉回去！我走了，你看着办吧！"转身就走。

文书没办法，忙过去报告淳于意："大人，李四硬要多交一石怎么办？"淳于意道："他既然不想拉回去，就按市价四百文一石收购吧。"文书有些为难说："如果都这样，府中的钱可就……"淳于意道："没事！把钱给他送去。"

文书立即拿了四百文钱给李四送去。见李四不收，就丢在他车上，然后去记自己的账去了，李四也只好捡起来放进兜里

淳于意坐在案前，翻了一下账簿，笑了笑，问师爷："今年的田赋都收齐了吗？"师爷道："收齐了。想不到公告贴出去，差役没催，十天就收齐了。"淳于意笑道："官府为民着想，民众就为朝廷着想，办事就顺当。"师爷也笑了笑说："都是大人为民着想。"

淳于意就称赞皇上："是皇上和大王，如果不是他们一心为民，我个管仓库的又能怎么样。"师爷点头。淳于意看看没什么事的样子，就跟师爷交代了几句，让把上缴朝廷的田赋明天就着人送去，然后打算自己出去走走。

师爷赶忙应声："大人只管去好了，这里

交给我吧。"

淳于意信步走到街上，只见街上各种服色的行人三三两两，有说有笑，买卖货真价实，一口一个价，更不争吵，一片祥和。转过一条街，淳于意见前面围着群人，便走上去看热闹。待他分开众人，却只见一个五六十岁的老汉倒在地上，旁边小伙子跪在地上急的直哭。

有人问："小伙子，你爹怎么了？""我爹刚才还是好好的，走着走着，就倒下去了，怎么叫他也不起来，他好像死了。"一个老婆婆说："你别光哭呀！先把你爹背到医馆，让郎中看看再说吧！"

这边说着，就有几个人递过去几个铜钱。小伙子正要背，淳于意忙招呼说："慢！"众人闻声一看，有认得的叫声，正是太仓令大人！

小伙子见官员来了，便停住哭泣，立即退到旁边。淳于意过去摸了一下老人的脉搏，再掰开老人的嘴，看了下口腔，最后分开眼皮看

西汉时期铜钱

药碾

了瞳孔，然后对小伙子说："去找点水来。"小伙子半信半疑地听了淳于意的话，并把老人平放好，淳于意用拇指使劲掐了老人的人中穴、神门穴，再把老人扶坐在地上，又把他后脑的风府穴使劲掐了几下，然后猛拍老人背心，喝声："起来！"说也奇怪，老人真的睁开眼睛，迷惑地把周围人看了一眼，爬起来，迷茫地说："我怎么啦？"有人说："你刚才昏过去了，是太仓令大人救了你。"这边说着，淳于意从怀中掏出一个小瓷瓶，倒出一颗药丸，小伙子端过来水，淳于意便递过去并说道："给你爹服下，再让他坐一会儿就没事了。"老人服了坐下，一会儿，果然起来走了走，没事了，忙拉儿子跪下说："谢大人救命之恩！"

淳于意连忙把他们扶起来："不用谢,快快起来!"就转身走开了。剩下的人们三三两两议论开了："淳于大人真好!想不到太仓令还是个起死回生的神医呀!"人们一边议论着,一边走开了。

太仓令让人起死回生的消息不胫而走,到处传开了。没过几天,太仓府衙就异常热闹起来。看那府衙门前,时不时就有人捂着肚子,抱着头,被人扶着、抬着走进走出。不用说,那都是请太仓公看病的。

走进大堂时,只见大堂上坐了不少病人,有的头上还扎上了银针。一个官府大堂,倒成了医馆一般。淳于意一会儿给这个人摸摸脉搏,看舌苔,一会儿又为那个人开处方行针灸,忙得不亦乐乎。傍晚,淳于意回到家中,夫人帮助他脱掉官服,一看身上,内衣已被汗水浸透,夫人笑着说:"老爷往日常抱怨闲得无聊,如今有事做了吧?"淳于意笑道:"想不到有意栽花花不发,无心插柳柳成荫。当官闲得无聊,学点儿医倒生意不错。夫人说:"生意?老爷收钱了吗?"淳于意说:"收钱?我在衙门大堂行医,能收钱吗?"

夫妻二人在聊天时,五女儿缇萦进来喊说:"爹、娘!出来吃饭了。"淳于意边穿衣服边说:"好,就来!"缇萦先出去了。淳于意也换好便服，与夫人一起走到桌前，五个女儿已坐在桌边。淳于意见桌子上放着六七样菜，笑着说："小丫头，今天是你做饭吧？怎么弄这么多！"缇萦把头一偏，笑道："为爹庆贺呀。"淳于意有点不解道："为我庆贺？爹一没升官，二没过生日，庆贺什么？"缇萦笑道："为爹成神医庆贺呀！"淳于意笑道："神医？谁说的？"缇萦说："满城都传开了，说太仓令大老爷能起死回生，是扁鹊再世呢！"淳于意道："真的？"

　　大女儿抢到缇萦前面说："是的，我在婆家都听说了。"二女儿也点头道："我在婆家也听说了，才赶回来看爹爹。"淳于意笑道："有这等事？有意思。"

　　这时，缇萦给父亲夹了一块卤鸭腿放到碗里说："来，神医大人请！"

枸杞

山川

淳于意用筷子点一下缇萦的额头笑道："你这鬼机灵！"二女儿也不落后，忙夹了一只鸭腿过来："还有我呢！"淳于意笑道："对！还有你。"四女儿在碗中找到一只翅膀，放在爹碗中："爹！我呢？"淳于意还未来得及说，大女儿、三女儿也各选了一块过来，"还有我呢！"

淳于意大笑道："怎么啦，当年爹升官的时候也没见你们有这么高兴，今日不过看好了几个病人，你们就乐成这样？好的全让爹吃了？难道治病比当官还好吗？"缇萦道："当年爹升官的时候，没有这么多人赞扬爹呀！"淳于意道："这么说，爹当官不如当郎中喽？"缇萦偏着头想了一下道："也不是，如今当官没多少事，倒不如郎中能够救人啦。"淳于意笑道："那你说说看，到底当官、当郎中哪一个更能为百姓办事？"缇萦想了一下，嘟着嘴说："不知道。"大女儿道："鬼丫头，现在不知道了吧？"让大姐教你："设置官吏是为了治理天下，世道越乱，越需要官来治理，好官能够给千千万万人带来福祉，贪官则能给自己捞到好处，所以一千个郎中不如一个县官。世道大治，人人遵纪守法，主动纳税，有没有官都差不多。郎中什么时候都少不了，当然是郎中更重要啦！"二女儿接着说："战乱的时候呀，军官显得更重要，半天时间可决定几十万

筷子

人生死。所以一个国家的治乱，只要看官的多少和作用大小就知道了。世道越乱官越多，官的作用越大，世道越好官越少，越没用。"缇萦拍手叫道："我明白了！当今天下大治，爹爹一年也没几天事做，所以当官就不如当郎中了！那爹何不当郎中算了。"

　　筷子"啪"落在地上。淳于意笑着说："爹正有此意，今天就是想和你们商量。""爹，不用商量，我们都赞成！"十五岁的缇萦心直口快，父亲的话还没说完，就被她抢了去。淳于意嗔怪道："就你嘴快！你只知道当郎中别人称赞，可知道当郎中也有危险？"缇萦一脸茫然地说："郎中救人性命，怎么会有危险？"

　　淳于意说："你不知道，当一个普通郎中倒是四平八稳，要当一个神医，危险可就非常大了。""要说普通医生有危险还差不多，神医起死回生，人人敬仰，怎么会有危险？"大女儿这时也想不通了。淳于意说："二十多年前，爹的师傅曾告诫说：'我传你的是扁鹊手抄秘籍，天下只有一本。你学成之后，可断人生死。我看你将来必为国师，但有两条你要记住，不遇明君千万不要显露身手，不然就会跟扁鹊一样，为权势所害。再有，不要告诉我后代是我传给你的。'""扁鹊的命运？扁鹊怎么了？"夫人也担心起来。几个女儿也都一脸不解。淳于意给她们讲道："扁鹊多次使人起死回生，诸侯人人请他，但最终还是被秦国太医所害。所以，这些年来，我虽然知道周围不少人都病了，有的看着就要病死，但就是不敢给治，心里急呀！"

"那爹爹现在怎么又给人治了呢？"缇萦不解地问。淳于意道："当

皇甫谧雕像

今天子圣明，曾下诏任何人不得动用私刑，及有罪至割鼻者，必交皇上亲自审批。齐王和朝臣亦皆良臣，万一真的有人想害我，也不容易得逞。再说若真的有事，谁都可以直接向皇上上书，我想应该不会有性命之忧了。"

夫人陷入了沉思。缇萦想了一下，突然大声说："神医千年难得一个，县官以上天下以千数，太仓令就更没人知道了。爹爹可不能错过千古留名的好机会！"淳于意道："我也是这么想，既然有幸恰逢盛世，为什么不施展才华，留下美名呢？这样吧，你们赞成我辞官行医的举左手，不赞成的举右手。"几个女儿先举起了左手。缇萦见母亲没举手，便说："娘！你呢？你赞成还是不赞成呀？"夫人只好笑道："既然女儿们都赞成，我也不好有违众意啦。"缇萦笑着说："娘真好！"全家人都笑了。淳于意拍着缇萦的头说："就数你人小鬼大。"

在衙门内，淳于意写好了辞呈，交给师爷说："你派个人把这份辞呈给大王送去吧？"师爷说："大人真的要辞官行医？"淳于意说："嗯，这有什么不好？"师爷说："太仓在大人手下平和无事，这不正好吗？如果大人以为无事就辞官，将来他人管，万一管差了怎么办？那时有多少人吃亏？大人恐怕再想回来就难了。"淳于意说道："这些我都想过了，以

云雾茫茫

当今天子开明，我看不会出现治乱的情况。再说我推举的下任又是你，我相信你不会为私利把太仓搞差了。"师爷想了一下说道："这倒不会。"

淳于意说："那就去办吧。"于是，淳于意将官印包起来，放在案上："这些都交给你啦！"师爷道："好吧，大人走好。"

没几天，淳于意在太仓府衙不远的地方，开起了一家医馆。门前来往的病人络绎不绝。医馆内，淳于意忙着给人治病，旁边有两三个病人等着，一个伙计在按处方抓药。病人接过药，摸出一小串铜钱，放在桌上就走，伙计也不计多少，便收了。这时，淳于意给个衣着旧衫的老太婆诊过后过来对伙计说："这位大妈的药就不要收钱了。"伙

古代药碾

计道:"是。"很快给老太婆抓好药,交给她道:"给,你把药放到砂锅里烧开后,熬一刻就行了。"老太婆谢过了仓公和伙计,便出了门。

傍晚,淳于意看完最后一个病人,收拾了一下笔墨。见伙计恰好抓好了最后一服药,交给病人,便问道:"今天的情况怎么样?"伙计翻开账本,结算了一下道:"今天诊治病人五十三个,有八人免费,共收钱二百四十文,除开药钱外,还余六十文。"淳于意道:"很好!就这样,除开成本工钱之外,只要略有结余就行了。"

知识加油站

穴位:是人类及动物共有的电位最高的皮下电场区,是神经主干和神经末梢经过的地方,这部分位置如果遭到刺激、破坏或者坏死,会引起不同的反应,比如麻、胀、痒、痛、酸等症状,严重的甚至会导致身体不适、残疾、衰竭、窒息甚至死亡。人体总计穴位有720个,医用402个。其中要害穴位有108个,不致死的穴为72个,致命的有36个。

石:"一石麦子"中的"石"是重量单位,1石等于10斗,约等于120斤。

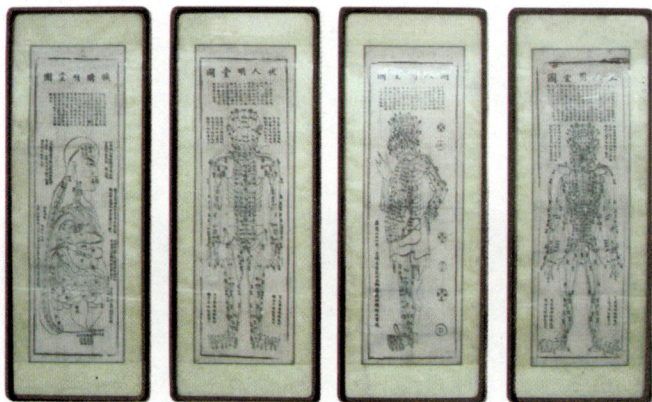

古代穴位图

辽阔大地

第五章

《诊籍》详载病人症 中医病历第一人

仓公淳于意最终选择了弃官从医。治病救人，是他小时候就有的心愿，他自己也经过不断的钻研并且拜师学艺，习得了高超的医术。所谓活到老，学到老，虽然医术过人，仓公也知道学无止境的道理，在行医过程中，他把自己诊病、治病的结果都详细的记录了下来，形成了我国现存最早，体例较为完备的医案——《诊籍》，留传千古。

齐国有一个名叫成的侍御史，他经常感到头疼，每当头疼起来都难以忍受，他的弟弟为他推荐了淳于意。于是，侍御史成招淳于意来为他看诊，他对淳于意说："我头疼起来就会感觉恶心、呕吐，而且活动会加重疼痛的感觉。"淳于意仔细观察了侍御史成的面相，然后让侍御史成伸出手来为其切脉。切脉过程中淳于意的脸色有一瞬间的凝重，但是很快就被他掩饰下去，并没有表现出来，侍御史成也没有察觉到什么。淳于意之所以脸色有一瞬间的凝重，是因为在切脉时切到侍御史的脉为肝脏有病的脉气，脉气重浊而平静，这是内里严重而外表不明显的疾病。

　　淳于意同时还发现侍御史成的少阳经络出现了问题，络脉出现病症。这时，在左手关部一分处出现代脉，这是热积郁体中而脓血未出，到了关上五分处，就到了少阳经脉的边界，八天后会吐脓血而死，所以到了关上二分处会产生脓血，到了少阳经脉的边界就会肿胀，其后生疮，然后疮破脓泄而死。内热就熏灼着阳明经脉，并灼伤络脉的分支，络脉病变得经脉郁结发肿，其后就会糜烂离解。所以络脉之间交互阻塞，就使热邪上侵头部，头部受到侵扰，因此头疼。淳于意找到了侍御史成的病因，但是这些他都是在心里面想的，其实也就是几分钟的时间。诊完脉之后，淳于意慢慢地把手抬起来，然后用温和的语气对侍御史成说道："您的病情严重，不能一下子说清楚。"侍御史成虽然感到奇怪，但见淳于意的表情并没有异色，于是就让淳于意离开了。

　　淳于意向侍御史成告辞离开，但是他出来后把侍御史成的弟弟昌叫过来，对昌说："你哥哥的病是疽病，这是在肠胃之间发生的，差不多五天后就会肿起来，再过八天就会吐脓血而死。"昌大惊失色："怎么会呢？我哥哥肠胃一直很好，从来没听说有病，怎么会这样呢？您会不会看错了？"淳于意说："不会错的，虽然诊断出了病症所在，但是已经无药可

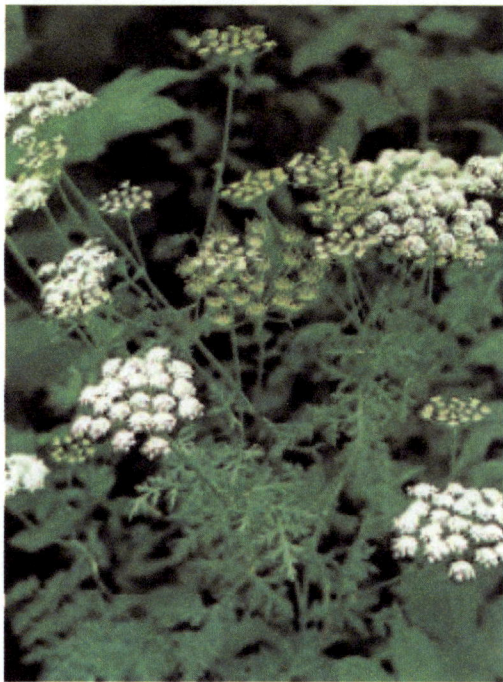

防风

救。此种疽病，倘若提前五年发现，还有得治，现在就算是扁鹊在世，也无能为力了。"淳于意把病情只告诉家人，并不想对病人说出真正的病情，毕竟谁听见自己快要死去都会有很大的情绪波动，那样对病人没有半点好处。这时候淳于意就想着让病人晚期能够过得平和一些，但是病情还是要交代病人家属的，于是选择了向侍御史成的弟弟昌道出了真正的病情。

侍御史成的弟弟昌不相信哥哥只有八天的性命，情绪上很是激动，但是同时还抱有一些怀疑和期待，希望淳于意的判断是错误的。过了八天，侍御史成果然去世了，弟弟昌感叹，淳于意确实是位名医。

由于医术高超，淳于意名声鹊起，很多王公贵族都会请淳于意来府上诊病。齐王二儿子的孩子经常大小便失常，还不时吐逆，无法进食。齐王二儿子很是着急，也找了很多太医来府上诊治，可是效果都不佳，这时有人向他推荐了淳于意，说："淳于意寻找病因很准确，能断人生死。"于是齐王二儿子马上召淳于意来王府为男孩诊治。

淳于意还是按照自己诊病的顺序，先是坐下与病人面对面，对其先观面相，然后让病人伸出手来进行诊脉，淳于意诊脉的功底非常的深厚，加上掌握了很多古医方，所以在看病的时候，很快就能查到病因。

诊出了病因之后淳于意收回了手，对病人说道："这是气膈病，这种病使人心中烦闷，吃不下东西，时常呕出绿色的黏液，那就是胃液。这种病是因为内心忧郁，常常厌食的缘故。"淳于意开了一剂汤药，乃是下气汤，让下人熬制好了汤剂给男孩喝下，并告诉专门侍候男孩

汤剂药材

水天一色

的贴身丫鬟，服完汤剂之后一定要仔细观察，基本上只用了一天的时间就会膈气下消。

　　一天后，真的如淳于意所说，男孩膈气下消，感觉肠胃舒服了很多，也不再恶心、呕吐了，就这样汤剂连续喝了三天。男孩在喝完第一次汤剂之后又过了两天就能吃东西，三天后病就痊愈了。

　　齐国有一名叫循的郎中令生病，许多医生都认为是逆气从下厥起，向上逆行入腹胸之中，而用针刺法为他治疗。淳于意诊视后，说："这是涌疝，这种病使人不能大小便。"循回答说："已经三天不能大小便了，苦不堪言，你看怎么给我治一治？"淳于意道："问题不大，你只要服

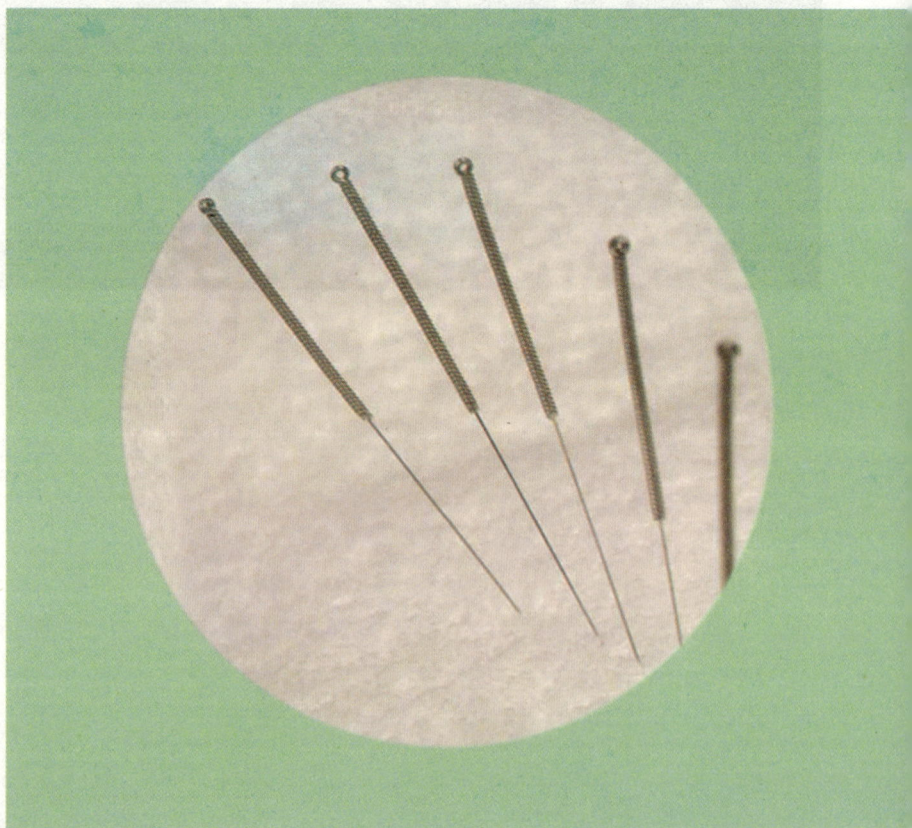

银针

两帖药就没事了。"随即开了处方。用火剂汤给他服用，服一剂就能大小便，服第二剂后大小便非常通畅，服完第三剂就痊愈了。

有一次，齐国名叫信的中御府长病了，淳于意去他家诊治，切脉后告诉信说："你有热气病。夏天会大汗，脉搏衰弱，不过死不了。"淳于意又说："得这种病，是天气严寒时曾在流水中洗浴，洗浴后身体就发热了。"他说："嗯，就是这样！去年冬天，我为齐王出使楚国，走到莒县阳周水边，看到莒桥坏得很厉害，我就揽住车辕不想过河，马突然受惊，一下子坠到河里，我的身子也淹进水里，差一点儿淹死，随从官吏马上跑来救我，我从水中出来，衣服全湿了，身体寒冷了一阵，

严冬冱寒 滴水成冰

瑞雪寒冬

古代医药器皿

冷一止住全身发热如火，到现在也不能受寒。"淳于意立即为他调制液汤火剂驱除热邪，服一剂药不再出汗，服两剂药热退去了，服三剂药病止住了。又让他服药大约二十天，身体就像没病的人一样了。

一天，淳于意正在给病人治病，突然齐王府来人，说齐王太后娘娘病危，王府太医束手无策，听说淳于意医术了得，请淳于意到府去治病。对方描述病情是不能大便，小便带血。淳于意大概了解了情况之后，马上随来人赶往王府为太后娘娘诊病。

淳于意坐到床前，按照自己习惯的流程，仔细摸过了脉，并看了太后的嘴唇、舌苔、眼睑等，然后站起来。齐王忙向淳于意询问病情，淳于意判断太后娘娘得的是风瘅客脬之症。那种病到底是个什么怪病？怎么得的呢？大家心中都有个疑问，太后娘娘平日身体很好，怎么突然得了这种怪病，什么药都试了也不见效？

淳于意向众人讲解病因，太后之病正是因为平时身体好，不注意保养，才得的。太后之病必是图凉快，大汗之后马上脱衣服凉快，等汗流尽了，觉得很凉了才穿衣服。听了淳于意的猜测，齐王经过询问，得到了太后的肯定，是有这么回事。

病因找到了，病也确诊了，就剩下怎么治的问题了，这对淳于意来说当然不是难事。淳于意说当以火剂汤治之，服一剂即可便下，两剂即可痊愈，病退去，尿色也和从前一样。

齐王将信将疑，淳于意安慰众人放心，随即命人把药抓来马上给太后娘娘服下，并嘱咐，若便下，明天再来找。结果说来也神，药抓来煎好服下之后，不到一个时辰，太后就要如厕，两个侍女一个扶太后起来，一个搬来马桶，太后坐在马桶上，痛痛快快地排便。

次日一大早，侍女便领着淳于意进来，正要行礼，齐王却笑容满面地请太仓公快快坐下，并详细描述了昨日吃过药之后的事情，太后吃了药，才两个时辰便就通了，今天已好多了。

医 YI
籍 JI
长 CHANG
存 CUN

50

淳 CHUN
于 YU
意 YI

齐王又想请淳于意为太后看一看。于是淳于意又给太后摸了脉，开了一个方道："按这个方子服一剂，明天就没事了。"齐王接过单子，命令下人赶快照办。

齐王招呼淳于意坐在旁边，问道："太仓公看孤王母后究竟病在何处？为何尿血还能用猛药？"淳于意道："臣切娘娘的寸、关、尺三主脉均无异，切其太阴之口，发现风湿气很重。"齐王道："仓公诊脉至精至微，实属难得。"齐王厚礼相赠表达谢意，淳于意忙推辞不敢收。

齐王伸手把他的手按住道："仓公不必客气，孤王还有事要求你，你不收，我倒不好意思开口了。"淳于意只好收下道："请大王吩咐。"齐王道："你看本王有没有病？"淳于意摸了一下齐王的脉，又看了一

酸枣仁

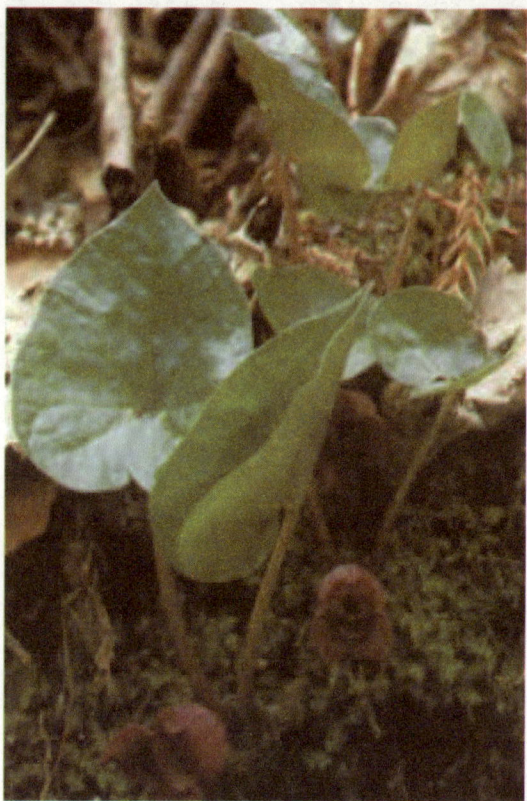

细辛

下他的气色道:"大王暂时没病,只是略显得有些气虚,多锻炼就没事了。"

之后,齐王按照太后的意思,又把太仓公请来,把齐王府的所有人都看了一遍。

这天,淳于意正在医馆给一个中年男子看病,先问道:"你叫什么名字?家住哪里?"我叫曹山,家住武里。我两脚跗骨痛,走路都难。"曹山说着就把裤脚挽起来。淳于意看过后,又摸了他的脉,再把舌苔等都仔细看了一遍,然后叫他的家人进来,沉重地说:"曹山应该还能活八天时间,快回去准备后事吧。这几天你们就满足病人的要求,去供养他,不必再治了。你们要准备好绳索,防止他狂后杀人,发狂五天后死。"曹山的家人听后，非常难过，恳请淳于意无论如何要救救他，淳于意告诉他们，医书上说："这种病三天后会发狂，乱走乱跑，五天后就死。"后来曹山果然如期去世了。

有一天，淳于意正和夫人、三女儿、四女儿、缇萦在吃晚饭，一家人都很高兴，唯独淳于意情沉重。缇萦见爹有些不高兴，便追问原因。淳于意说："看着能治好的人当然高兴，可遇着治不好要死的人就很难受了。"

原来，前些天，齐国的中尉潘满如患了小腹疼的病，淳于意切他的脉后说："这是腹中的气体遗留，积聚成了'瘕症'。"然后，淳于意偷偷嘱咐齐国的名叫饶的太仆、名叫由的内史说："中尉要停息所有活动，调养生息，规律生活，如果还像以往那样劳累过度，就会三十天内死去。" 结果中尉没听劝告，过了二十多天就去世了。

淳于意感慨道："女儿，你说这种诊断该怎么说？不说吧，到时病人死了，别人会说你医术差，诊不了。说吧，又没办法，眼睁睁看着他死，家人痛苦，我心里能好受吗？哎！不知道难，知道了治不好也难！想治好所有的病是不可能的，如果什么病都能治好了，那人还死吗？"

虽然遇到自己医不了的病会难过，但是淳

于意还是继续行医，尽自己所能，帮助病人。这天，阳虚侯的侯相赵章生病了，请淳于意去看，见面之时，侯相赵章懒懒地坐在椅子里，没有精神，对淳于意讲述道："我这两天拉肚子，吃过饭后，一会儿就拉出来了。许多医生都认为是腹中虚寒，医生给开了些止泻药，也没起什么作用，于是请您来给我看看好吗？"淳于意即于坐上给赵章切脉，原以为只是拉肚子等小病，结果发现大事不好，这次，淳于意把诊断直接告诉了病人。

赵章听后大惊道："怎么会这样呢？我平时并没有什么病，只是这两天拉肚子。"淳于意道："你这病叫作'迥风病'，病出于平时饮酒过度，大伤肝脾，累积而发。"赵章急道："那你给我治吧？"说罢就

粥

哭起来。淳于意道："已无药可救了。如果你多吃些粥，不再喝酒，也许还能拖过半个月，不然五日内必死。"后来赵章果然十五天而亡。

淳于意继续一边研究医术，一边治病救人。一日，正好没有病人，淳于意在家中休息，只见外面有人吆喝："太仓公大人在吗？济北王使者求见！"淳于意连忙出去迎接："不知使者何干？"济北王使者忙行礼说明来由，济北王派人专程来请太仓公，为济北王治病！

淳于意急忙询问病情，来人描述道："济北王胸腹胀闷，不思饮食，出气困难，太医诊治多日无效，如今病重。闻仓公扁鹊再世，故快马加鞭赶来。请大人务必为济北王治病！"使者还带来厚礼，从背上解下一大包金子奉上。

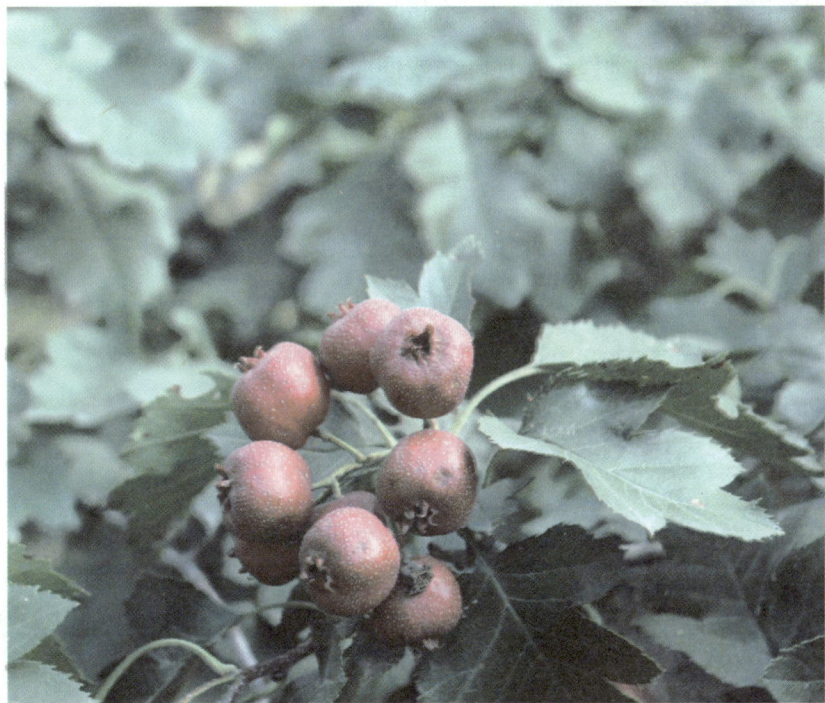

山楂

淳于意有些犹豫，但是治病要紧，淳于意只好接了。淳于意骑上早已准备好的快马，加了一鞭，飞奔而去。

济北王府中，淳于意坐在桌旁，济北王刘兴居道："本王发热无汗，胸腹胀满，不思饮食，起卧俱难，太医以为伤于饮食，但吃了好几服药均不见效。"经过诊断，淳于意说："这是'风厥'使胸中胀满。"接着为济北王调制药酒，服了之后出了一身大汗，三天之后病就好了。

自从淳于意给济北王治过病之后，济北王就记住他了，家里无论谁不舒服，都要请淳于意给看一看。有一次淳于意给济北王的奶妈看病，她说自己时常觉得胸口发闷，不想吃饭，脚心发热，淳于意问她是否发现吐血或便血？奶妈回答说："没有。"淳于意道："还好，是因为饮酒大醉，伤了脾胃而得病，针灸一下就没事了。"旋即在足三里等处扎了几针，让她坐一会儿，淳于意又给府中数人摸过脉，开了处方。再给奶妈拔下银针道："感觉怎么样了？"奶妈伸了伸四肢道："哎，真的没事了！你真神了！"

又有一次，济北王召太仓公给他的侍女们诊病，诊到名叫竖的女子时，看起来她没有病。淳于意私下告诉永巷长说："竖脾胃大伤，不可让她再劳累了，不然明年春天就会吐血而

山
林

党参

亡。"淳于意问济北王："这个人有什么才能？"济北王说："她喜好方技，有多种技能，能在旧方技创出新意来，去年从民间买的她，和她一样的四个人，共用四百七十万钱。"济北王又问："她是不是有病？恳请淳于意给侍女治一治。"淳于意回答说："她病得很重，依病理会死去。这病已经进了腹脏，除了多休息可以延长一些时间外，已经没有更好的办法了，无药可救。"济北王又一次叫她来就诊，她的脸色没有变化，济北认为淳于意说的不对。到了第二年春天，她捧着剑随济北王去厕所的时候，倒地吐血而死。她的病是因流汗引起，流汗的病人，依病理说是病重在内里，从表面看，毛发、脸色有光泽，脉气不衰，这也是内关的病。

有时候，淳于意到王宫给济北王看病，空隙的时间，大王一般也不会让淳于意闲着，也会请淳于意给其他人顺便看一看。有一次，济北王一个叫韩梅的侍女说自己腰背疼，恶寒发热，许多医生都认为是寒热病。淳于意耐心地给侍女韩梅诊过脉，问韩梅道："你哪儿不舒服？"韩梅道："奴婢时常腰背痛，发冷发热，不来月事。"淳于意诊脉后说："是内寒，月经不通。"用药为她熏灸，过一会儿，月经就来了，病好了。

济北王不打搅仓公了，但是，受济北王称赞的大夫，当然是好大夫，官员们有病都来找淳于意。齐国中大夫患龋齿病，淳于意灸他的左手阳明脉，又立即为他调制苦参汤，每天用三升漱口，经过五六天，病就好了。他的病得自风气，以及睡觉时张口，饭后不漱口等不良习惯。

天下的疑难杂症真是不少，齐国北宫司空名叫出於的夫人病了，许多医生都认为是风气入侵体中，主要是肺有病，就针刺足少阳经脉。

熏灸

树影婆娑

淳于意诊脉后说："是疝气病，疝气影响膀胱，大小便困难，尿色赤红。这种病遇到寒气就会遗尿，使人小腹肿胀。"

菑川王的美人怀孕难产，急求淳于意诊治，淳于意用莨菪药末一撮，用酒送服，很快就生产了。又诊她的脉，发现脉象急躁。脉急说明还有其他的病，就用消石一剂给她喝下，接着阴部流出血块来，约有五六枚血块像豆子一样大小。因此菑川王非常感激淳于意。

一次，齐国丞相门客的奴仆跟随主人上朝进入王宫，淳于意看到他在闺门外吃东西，望见他的容颜有病色，当即把此事告诉了名叫平的宦官。宦官平因为喜好诊脉经常向淳于意学习，淳于意就用这个奴仆做例子指导他，告诉他说："这是伤害脾脏的容色，到明年春天，胸隔会阻塞不通，不能吃东西，依病理到夏天将泄血而死。"宦官平就到丞相那里禀报说："您门客的奴仆有病，病得很重，死期指日可待。"丞相问："你怎么知道的？"他回答说："丞相上朝入宫时，他在闺门外吃饭，我和太仓公站在那里，太仓公告诉我，患这种病是要死的。"丞相就把这个门客召请来，问他："您的奴仆有病吗？"门客说："我的奴仆没有病，身体没有疼痛的地方。"但是，到了春天这个奴仆果然病了，四月时，因泄血而死。

之前，菑川王的美人难产，淳于意曾经帮了大忙，这次，菑川王病了也找淳于意，到了王府之后，王妃先开口道："总算把你等到了，太仓公快给大王看看吧。"淳于意问道："大王哪儿不好？"王妃道："大王发热头痛，胸口发闷，起床天旋地转，不知是什么病？"

淳于意经过诊断得知："大王是洗过头后，头发没干就睡觉，造成头疼身热，使人烦闷。"淳于意就用冷水拍在他头上，并针刺他的经脉，左右各刺三穴，病很快好了。

淳于意治病救人，功德无量，大家都很感激他。一次，齐王黄姬的哥哥黄长卿在家设酒席请客，请了淳于意。客人入座，还没上菜。淳于意见王后弟弟宋建容色异常，就说："四五天前，您腰胁疼得不能俯仰，也不能小便。不赶快医治，病邪就会浸润肾脏，趁着还没滞留

在五脏，可快速治愈。宋建说："您说对了，我确实曾腰脊疼过。四五天前，天正下雨，黄氏的女婿们到我家里，看到了我家库房墙下的方石，就要举起，我也想要效仿去做，举不起来，就把它放下了。到了黄昏，就腰脊疼痛，不能小便了，到现在也没有痊愈。"淳于意为他调制柔汤服用，十八天病就痊愈了。

一天，两个男子抬着一副滑竿过来，旁边跟着一个男人正在哭泣。滑竿到了门前还没放下，男子就急着问："听说神医仓公在这里，不知在不在？守门人即一指淳于意道："这位就是太仓公，淳于医生。男子听后忙跪下哭道："求神医救救我家娘子吧？我们这儿医生说她没救了。"淳于意道："把她放下来吧。"滑竿放下来，淳于意看此女面色暗黄，皮肤粗糙，腹大如六月孕妇，遂捞开她的袖子，用拇指将其手

落日余晖

臂一捋，见颜色惨白而有血点。然后诊了一下脉道："你家娘子腹中生有蛲瘕，不碍事。这种病，使人肚子大，腹部皮肤黄而粗糙，用手触摸肚腹病人感到难受。于是提笔开了两张单子道，"你先去药房抓四两芜华来，取一两给她和水服下，待她拉出数升蛲虫后，就给她喝些糖水。连服三日，待虫拉尽后，再按此方服药，三十天就没事了。"

男子连忙谢过，去抓了药给娘子服下，不到半个时辰，果然内急，家人送上便桶，一阵猛泻，果真拉出数升蛲虫，三十日后，病态全消，俨然换了一个人似的。

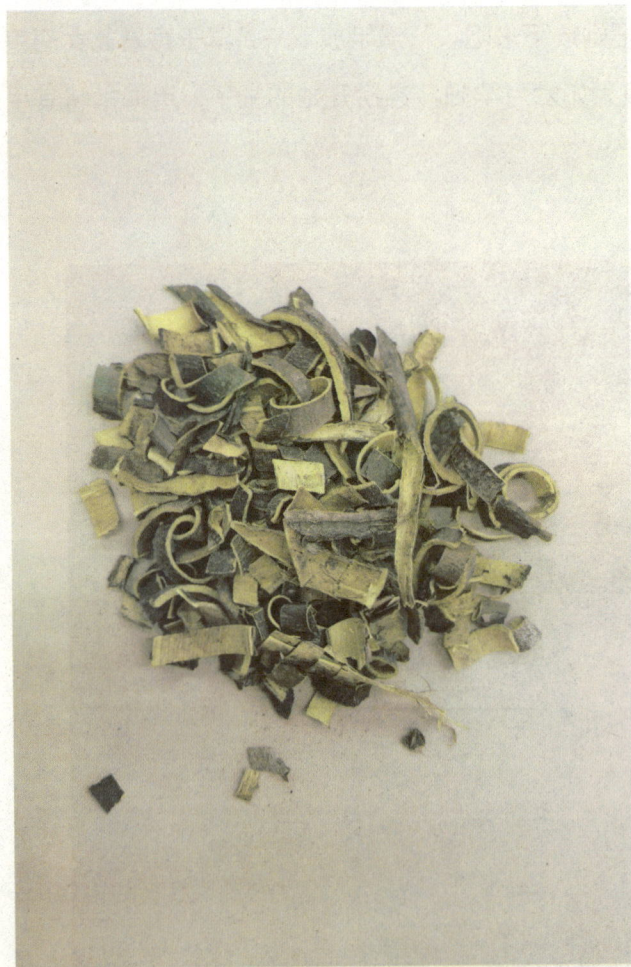

黄柏

米汤

　　饭后剧烈运动，很容易得病的。齐国姓淳于的司马病了，淳于意诊脉后说："你应该是'迥风病'。"得这种病的原因，是吃过饱饭就剧烈运动的缘故。"淳于司马回答说："我到君王家吃马肝，吃得很饱，看到送上酒来，就跑开了，后来又骑着快马回家，到家就下泄几十次。"淳于意告诉他说："把火剂汤用米汁送服，过七八天就会痊愈。"当时医生秦信在一边，淳于意离去后，他对左右阁的都尉说："淳于意认为司马得的什么病？"都尉回答说："是迥风病，能够治疗。"秦信就笑着说："这是不知晓啊！司马的病，依照病理会在九天后死去。"但是，过了九天司马并没有死，司马家又召请淳于意去。淳于意为他调制火剂米汤让他服用，七八天后病就好了。

　　在齐王从前还是阳虚侯时，有一次病得很重。太仓公为他诊脉，

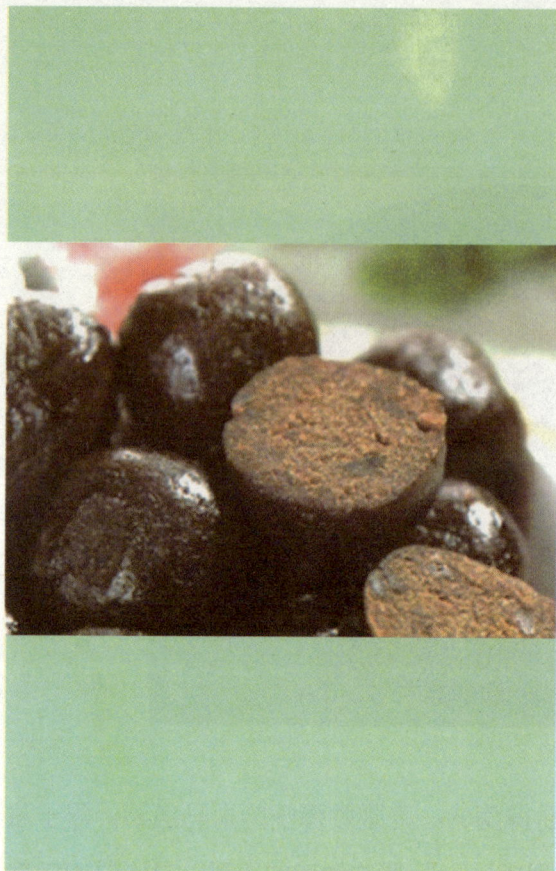

丸药

认为病根在右胁下部，使人气喘，吃不下东西。淳于意为他医治，过了六天，逆气下行，再让他改服丸药，大约又过了六天，病就好了。

　　淳于意外出行医，曾经为安阳武都里名叫成开方的人诊治，成开方苦于沓风病，三年后四肢将不能受自己支配，而且会喑哑不能出声，这时就会死去。淳于意听说他的四肢已不能动了，虽喑哑却还没有死。成开方的病是多次喝酒之后受了风邪引起的。

　　在安陵坂里有一名叫项处的公乘有病，项处在乡里是有头有脸的人物。淳于意为他诊脉，经过诊断后，确诊为牡疝病，疝气的一种。开完药后，淳于意特意嘱咐道："牡疝病千万不能做剧烈活动的事，否则会吐血而死。"项处很害怕，老实了很多。然而，项处十分热爱蹴鞠，蹴鞠是个体力活儿，项处踢了一场球回来后就腰部寒冷，还吐了血。项处家人紧急找来淳于意，淳于意诊断过后说道："没救了，活不过明天晚上。"果然，第二天黄昏，项处一命呜呼。

知识加油站

五行：古人把宇宙万物根据其特征划分成木、火、土、金、水五大类，统称"五行"。五行并非指具体的五种单一的事物，而是对宇宙间万事万物的五种不同属性的抽象概括。五行相克：金克木，木克土，土克水，水克火，火克金。五行相生：金生水，水生木，木生火，火生土，土生金。

时辰：古代的计时单位，一个时辰相当于现在的两个小时。

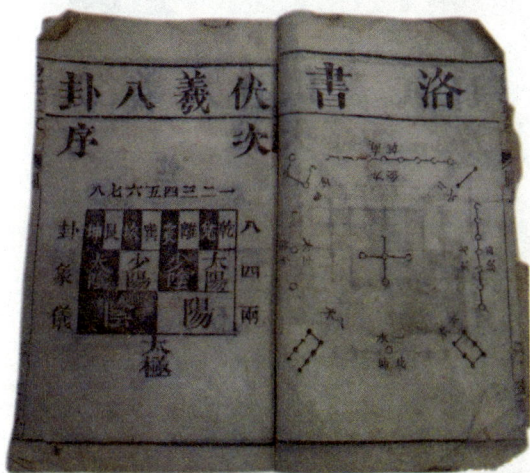

洛书局部

淳于意雕像

第六章

一代名医遭人嫉 牢狱之灾缇萦解

仓公淳于意行医天下，治好了无数患者的疑难杂症，甚至得到了"起死回生、断人生死"的名声。但是，正所谓"树大招风"，一个人的力量有限，再怎么厉害也不可能满足所有人的要求，难免遭人怨恨。由于没有及时为一些权贵治病，仓公最终遭到奸人陷害，冤案入狱。幸得小女儿缇萦上京向皇帝伸冤，才保住了性命，也成就了"缇萦救父"的佳话。

仓公淳于意用精湛的医术治好了不少人的疑难病症。他不论贫富，对病患都是一视同仁，赵王刘遂、吴王刘濞、济南王刘辟先后召淳于意为待医，但因他多次拒绝诸王和王公高第的邀请，从而得罪了不少权贵。淳于意不想成为少数权贵的私人医生，他更乐于为天下大众治病，同时淳于意也担心高官们强迫他去做官，便把自己掌管的账簿交给了手下人，不理家产，出游各地，访查名医，并且继公乘阳庆之后又拜师数人，得到当时多位高师的传授。

淳于意为民出诊，时常行游在外，不以家为家。由于求医者众多，当地有些官绅和钜富，仗着自己财势骄人，家有病人却不想送往医馆排队就医，往往派家丁身带金银，抬着轿子来邀淳于意专门为他们走一趟。更有甚者，甚至以重金为饵，硬邀淳于意长住他们府上一段时间，专门为他们服务。淳于意以家中求医的病人太多为由，每次都予以婉拒。这些官绅钜富认为失了面子，对淳于意开始怨愤。因此，淳于意得罪不少权贵官僚，他们对淳于意不能及时为自家出诊看病，深为不满，积怨很深。

另外，有的病人因无药可医而死亡，病人的家人就责怪淳于意不肯医治，以致病人死亡。这些怨愤、责怪积久了，终于酿成祸患。

有一次，淳于意又在外行医，不巧当地有个大官得了急病。一帮随从偕同大官老爷从远处赶到淳于意门口，却见大门上贴着一张告示："出诊在外，请谅！"大官忙派人去找，可是差人刚走不久，那大官就突然病倒在门外，一命而亡。这可吓坏了大官的手下人。为了推卸责任，他们便回禀说："淳于意故意耽误时间，贻误出诊，不然大人不会身亡。"大官家人闻言大怒。当地有权势之人便趁机联络起来，他们仰仗权势，不分青红皂白，告到官府，诬告淳于意，轻视人命，造成病人不应有的死亡，请予依律定罪。

第二天，官府公差便登门抓人。公堂上，

荷花

审官不问是非曲直，根本不允淳于意申辩，硬说他行医害人，判了刑。按照西汉初年的律法，凡做过官的人受刑必须押送到京城长安去，需要有皇帝的批准，才能最后定罪行刑。因为淳于意曾做过太仓令，是朝廷的命官，所以这样就得把淳于意押解到京城长安去。

押人的解差对仓公说："我们知道先生在郡里向来是德高望重之人，还是大汉朝廷的命官，我们此行，也是奉了郡守之命，锁拿你至西京长安施以刑罚，还望先生不要记恨我们"。

淳于意没有儿子，只有五个女儿，临行时都去送父亲，父女们互相对望悲泣。淳于意看着五个女儿，长叹道："生女不生男，遇到急难，却没有一个有用的。"听完父亲的哀叹，淳于意十五岁的小女缇萦又是悲伤又是生气，别看她年龄小，还是个女孩子，但她从小就与众不同，

荷花

性格刚强，又十分聪明。在押解淳于意去长安的消息传来后，众姐妹都非常恐慌，只有她表现得很镇静。她暗想："为何女儿偏偏是没用的呢？"

缇萦是淳于意最宠爱的孩子。淳于意之前也曾为受过刑罚的人治疗伤口，有的是双股被鞭笞得血肉模糊；有的失去了一段足趾，疼痛得昏厥过去。那种触目惊心的哀嚎被站在一旁的缇萦看在眼里，缇萦内心充满了不忍与恐惧。她常听受过刑罚的人说，无论是论罪该受罚还是受了冤屈的人，只要进了牢狱的大门，若无法申冤，不死也只能留下半条命；受了肉刑若得不到很好的照顾，那就连性命恐怕也保全不了。

缇萦眼里含泪走上前来对父亲说："我要和父亲一起去长安，上书皇上，在皇上面前为父亲申辩，替您洗清冤屈！"

于是，她把自己的想法告诉了姐妹们，大家大吃一惊。但想到缇萦的为人性格和平时所行所为，大家也就没有阻拦，只是嘱咐她一路小心。

父亲被押解进京的那天，小缇萦早早就起床了。她带齐了必备的用品，就辞别众姐妹上路了。在一个十字路口，她等到了父亲。几天不见，父亲苍老许多，又戴着沉重的刑具，小缇萦心疼地哭了起来。她一头扑进父亲怀里，抽泣着说："我要护送您上京去，路上我一定要照顾好您！"父亲愣住了，淳于意没有想到小女儿竟如此勇敢，心中感到很宽慰，但从齐地到长安路途艰险，所以淳于意揽过她的身子，用手轻轻地抚摸着她的额发，道："你年龄还小，又是个女儿家，去京师道路遥远，山河阻隔，你年纪幼小，从未出过远门，怎么能受得了路途上的辛苦呢？爹对不起你，别再说傻话了！好好跟姐姐们回去吧！爹的事只好听天由命了！你还是回家去吧！"但小缇萦的意志却十分坚决，一定要去，一定要为父亲伸冤，非要跟父余上路不可，并以死相求。缇萦看父余再三不允，转而向两位解差恳求道"两位好叔叔！就让我跟着去吧！我除了沿途照顾父亲外，我还会烧水做饭，不会拖累

淳于缇萦雕像

你们的！"那两个解差都是本地人，深知淳于意是个好人，也知道淳于意是冤枉的，心中也很同情他。现在看到缇萦的至孝表现，解差大受感动，也帮她说话，他俩对淳于意道："就让她跟去吧！路上我们二人会照顾她的！"淳于意只好含泪点头。

于是一行四人跋山涉水向京师进发，临菑相距长安两千余里，一路上父女俩风餐露宿，尝尽辛酸。幸亏小缇萦聪明又机智，对父亲的照顾十分周到，淳于意少受了不少的苦，终于顺利地到达了京师。淳于意被押入狱中后，缇萦几次到御史衙门打听情况。由于淳于意为官时比较清廉，在官场上有一些好的口碑，有好心人便告诉缇萦："想救你的父亲，除了上书皇帝之外没有其他办法。"

西安古城

缇萦虽说是一个弱女子，毕竟也曾经为官宦之女，平时也听说一些官场的事情。聪明的缇萦害怕情况有变，即刻上书给皇帝，诉说父亲的冤屈，请求免除父亲的刑罚。

然而，这个只有十五岁的乡间女孩到长安后，面对繁华的大都市，立即觉得的手足无措，投诉无门，四处碰壁，始终不得要领。终于有好心的官差告诉她，皇帝会外出打猎，这是一个千载难逢的机会，但是困难重重。试想皇帝出猎，必定是车骑络绎，旌旗蔽空，随从如云，行动如风驰电掣，一个弱女子要想犯颜拦驾，上书救父，简直是一件不可思议的事。另外，犯颜一定会惊扰圣驾，拦驾更是绊阻皇帝的车骑前进，两者都是大不敬的举动，后果是杀头抄家，倘若犯颜者当时被认为是刺客，会被立即格杀。上书救父的计划也仿佛成了泡影，然而缇萦抱定一死的决心，认真地准备上书行动，她选定灞桥作为她犯颜上书的地方。

在一个秋风萧瑟的清晨，形单影只，衣衫单薄，满面愁容的缇萦跪在路的中心，双手高举预先准备好的书状，静等皇帝车骑的到来。这场面很有悲壮的成分，远处尘土飞扬，渐行渐近，皇帝的车骑终于出现在眼前，左右武士把瘦小的缇萦押到皇帝跟前，汉文帝看到的是

汉文帝像

一个泪流满面的弱女子，内心深处立即涌起一股怜惜之情，立即吩咐左右接过她的书状，并不许为难她。状纸上写道："妾父为吏齐中，皆称其廉平。今坐法当刑，妾伤夫死者不可复生，刑者不可复属，虽后欲改过自新，其道无由也。妾愿没入为官家奴婢，愿赎父刑罪，使得自新。"

　　汉高祖总计有八个儿子，吕后砍砍杀杀，薄姬带着当时年仅八岁的儿子刘恒（汉文帝），北上酷寒荒凉的代郡就国，十多年在边地饱尝艰苦。忧患中成长的岁月，让汉文帝深知骨肉亲情的可贵，更亲身体验过民间疾苦的情状，如今贵为天子，仍然时时以临深履薄的心情，戒慎恐惧的态度，小心翼翼地使用君权治理国家。

　　汉文帝阅罢书状，再看着眼前这个凄苦无助的小女子：她不就是当年自己仓惶离京时的化身吗？又想到如此娇弱的女子，为了营救父亲，

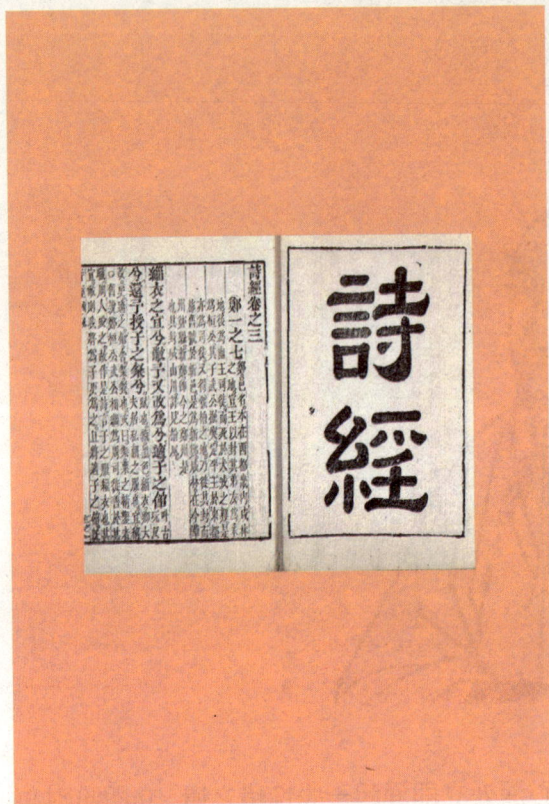

《诗经》内文

竟然冒死上书，这种胆识与孝心着实令人感动，于是汉文帝当面赦免了她父亲的刑罪，第二天又下了一道诏书："诗曰：'恺悌君子，民之父母。'今人有过，教未施而刑已加焉。夫刑至断肢体，刻肌肤，终身不息，何其刑之痛而不德也，岂为民父母之意哉？其除肉刑，有以易之。"并召集大臣们，对大臣说："犯了罪该受罚，可是受了罚，也该让他重新做人才是。现在惩办一个犯人，在他脸上刺字或者毁坏他的肢体，这样的刑罚怎么能劝人为善呢。《诗经》上说，道德修养很高的君子，如同百姓的父母一般。现在有人触犯了法律，尚未对其进行教育，便施以肉刑，即使他们之中有人想改恶从善，却也没有机会了。朕非常同情这种人。刑罚到了断人肢体、毁人肌肤的地步，终身也无法去掉，这种刑罚使人痛苦不堪，多么不道德啊！难道身为百姓父母的君王就能对此称心如意吗？"

汉景帝即位之后，又下了两道诏书，大幅削减"打板"的数量，还对刑具的长短厚薄及犯人受刑的部位作出了具体的规定。并且特别规定，行刑过程中不得换人。

据史书记载，汉文帝刘恒治天下，恭俭仁厚，以德化民，海内安宁，百姓安居，人民乐足。更是开创了历史上少有的"文景之治"。他见到上书后，感其孝诚，免除了淳于意的刑罚，同时颁发诏书废除由来已久的残酷的刑罚。正是小小女子缇萦的至孝之心而上书救父的美举，推动了酷刑的废除。

淳于意免受刑罚之后，便潜心行医民间。他治病"决生死，有验、精良"，享誉四方，因而受到了汉文帝召见。汉文帝当面询问了他从医的经过、诊病要旨及原则。淳于意一一回答，并举出若干病例事实，具体说明他为人治病的原则、方法，深得汉文帝嘉许。

西汉墓壁画

由于这次救父之事很受皇帝重视，也从此废了刑罚，诏书施行后，长安民众围住淳于缇萦，夸赞她说："缇萦不但救了自己的父亲，也替天下做了一件大好事儿。从此以后，罪人受刑不再残毁肢体，这虽属当今皇上的仁政，但如果没有你的冒死上书，恐怕皇上也未必会留意于此。"孝女缇萦救父之事，很快就传遍了全京城，长安有很多著名之士向缇萦求婚，缇萦表示她愿终身侍奉父亲，不准备结婚。淳于意出狱后留在长安行医半年，名气又渐渐地大起来，缇萦怕父亲又惹起麻烦，就劝父亲回到了家乡。回到家乡后，淳于意继续行医救人，直至去世。孝敬父母是人的一种本性，不分男女，也不分长幼，只要心诚，就会感动天下人。缇萦虽是个小女孩，但正是凭借着至诚孝心和果敢行动，打动了汉文帝，为父亲平反昭雪。

仓公淳于意对中国中医界的贡献是多方面的，概括地说，主要有两点：一是总结临床经验，著《诊籍》，加深了医论、药论的研究；二是授徒传术，发展了齐医学派。而这一切皆得力于舍身救父的小女儿缇萦。没有缇萦冒死上书汉文帝，仓公淳于意早已成了一个肢体不全的人，很难对中医的发展做出贡献。缇萦上书救父，不仅解救了自己的父亲，

西汉墓壁画

还促使了肉刑的废除。其孝心、壮举成了大家口耳相传的美谈。历史上很多文人都曾经作诗词来赞美缇萦，最为有名的是东汉著名文人班固的一诗：

三王德弥薄，惟后用肉刑。

太仓令有罪，就递长安城。

自恨身无子，困急独茕茕。

小女痛父言，死者不可生。

上书诣此阙，阙下歌鸡鸣。

忧心摧折裂，晨风扬激声。

圣汉孝文帝，恻然感至情。

百男何愦愦，不如一缇萦。

知识加油站

《诗经》：我国最早的一部诗歌总集，是我国古代诗歌的开端。收集了西周初年至春秋中叶的诗歌，共311篇，其中6篇只有标题，没有内容。《诗经》反映了周初至周晚期约五百年间的社会面貌。

班固雕像

白日一照　浮云自开

第七章

天下闻名皇帝诏　太仓公侃侃而谈

仓公的小女儿缇萦告御状救下了父亲淳于意之后，皇帝就想了解一下淳于意这个人，下旨要淳于意进宫觐见。淳于意进宫向皇帝陈述了自己学医、行医的经过，对皇帝的各种问题一一作了解答，令皇帝大加赞赏。

汉文帝赦免淳于意后，把这个名字记在了心里，文帝对这个人有些好奇，他很想知道到底是什么样子的人能够做到不惧得罪权贵而拒绝行医。试想一个小小的行医，竟然可以公然拒绝王公贵族，而且还不是一个，竟然能引起很多高官的不满，难道淳于意不怕吗？从另一个方面去想，有这么多高官贵族寻找淳于意来医治，看来淳于意的医术应该很好，那么淳于意到底是如何行医的呢？还有他的女儿缇萦，小小年纪，竟然敢上书救父，淳于意的为人一定特别的正派，才能做出这些事情来，也才能教导出这么一个至诚至孝的女儿。带着这些想法和疑问，文帝决定召见仓公，亲自看看他是一个什么样子的人，亲自听听他对自己所做之事的见解。

　　一日，淳于意正闲在家里，文帝下旨让他进宫觐见。皇帝见淳于意仪表堂堂，更加肯定了自己内心对淳于意的看法，于是问淳于意："医术有什么专长？能治愈什么病？有没有医书？都向谁学医的？学了几年？曾治好哪些人？他们是什么地方的人？得的什么病？治疗用药后，病情怎样？全部详细回答。"

　　淳于意回答说："我在年轻时，就喜好医术，用学到的医术方剂试着给人看病大多没有效验。到了高后八年（180 年），得以拜见老师临菑元里的公乘阳庆。他对我说：'全部抛开你学过的医书，这些都不正确。

知
母

《诊籍·内经要旨》

我有古代先辈医家传授的黄帝、扁鹊的诊脉书，以及观察面部颜色不同来诊病的方法，决断疑难病症，判定能否医治，还有药剂理论的书籍，都非常珍贵。我家中富足，只因我心里喜欢你，才想把自己收藏的秘方和书全教给你。'我说：'太幸运了，这些不是我敢奢望的。'说完我就起身再次拜谢老师。我一共向老师学习三年，我曾经治过的病人，诊视病情决断生死的人，都有效，已达到了精妙的程度。现在阳庆已死了十来年，我曾向他学习三年，我现在已经三十九岁了。"淳于意继续说道："我在诊病的过程中，将患者姓名、年龄、职业病因、病状等信息真实地记录下来。"淳于意和文帝叙述了自己看病的一些经历，

这些就是中国最早的《诊籍》。

文帝又问："你所诊治的病，许多病名相同，诊断结果却各异，有的人死了，有的人还活着，这是为什么？" 淳于意回答说："从前病名大多是类似的，不能确切辨知，所以古代的圣人创立脉法，使人能用这些确立的标准，订立的规矩，斟酌权衡，依照规则，区别人的脉象后各自命名，注意与自然变化的相应，参照人体情况，才能区别各种疾病，使它们病名各异。医术高明的人能指出病名不同，医术不高看到的病是相同的。然而脉法不能全部应验，诊治病人要用分度脉的方法区别，才能区别相同名称的疾病，说出病因在什么地方。现在我诊治的病人，都有诊治记录。"

文帝又问："你决断病人的死或活的时间，有时也不能应验，因为什么？"淳于意回答说："这都是因为病人饮食喜怒不加节制，或者因为不恰当地服药，或者因为不恰当地用针灸治疗，所以会与预断的日期不相应而死。"

文帝又问："在你能够诊治病情的生死，论说药品的适应症时，各

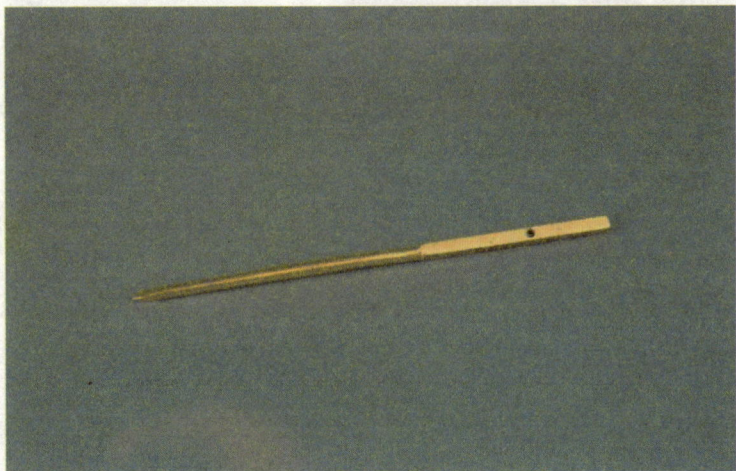

西汉金针

巍然屹立

中药茯苓

诸侯王朝的大臣有向你请教的吗？齐文王生病时，不请你去诊治，这是什么缘故？"淳于意回答说："赵王、胶西王、济南王、吴王都曾派人召请我，我不敢前往。齐文王生病时，我家中贫穷，要为人治病谋生，当时实在担心被官吏委任为侍医而受到束缚，所以我把户籍迁到亲戚邻居等人名下，不治理家事，只愿到处行医游学，长期寻访医术精妙的人向他求救。我拜见过几位老师，他们主要的本领我全学到了，也得到了他们全部的医方医书，并深入进行分析评定。我住在阳虚侯的封国中，因此侍奉过他。阳虚侯入朝，我随他到了长安，因为这个缘故，才能给安陵的项处等人看过病。"

文帝又问："你给人诊治病症断定人的死生，能完全没有失误吗？"淳于意回答说："我医治病人时，一定先为他切脉后，才去医治。脉象衰败与病情违背的不给他医治，脉象和病情相顺应的才给他医治。如果不能精心切脉，所断定的死生时间及能否治愈，也往往会出现差错，我不能完全没有失误。"

太史公曾说："女人无论美与丑，住进宫中就会被人嫉妒；士人无论贤与不贤，进入朝廷就会遭人疑忌。所以扁鹊因为他的医术遭殃，太仓公于是自隐形迹，但还是被判处刑罚。缇萦上书皇帝，她的父亲才得到后来的平安。所以老子说'美好的东西都是不吉祥之物'，不仅是说扁鹊这样的人，像淳于意这样的人，也和这句话所说的意思接近啊。"

知识加油站

太史公：西汉武帝时期设立的官职名称。位在丞相之上，与三公相等，故称。太史公是我国古代官方史料的专职记录者。汉宣帝时期把太史公降为太史令，太史令的职权也大大削弱，仅仅行文书而已。我们经常提起的太史公就是指《史记》作者司马迁。

《史记》

淳于意墓地

第八章

服石治病违天理 太仓公苦心相劝

仓公所处的年代是汉朝，他行医中实事求是，一直摒弃有违科学的东西。

自秦汉以来，道家思想盛行，许多皇亲贵胄为了长生不老，经常炼制丹药，服用五石散。淳于意认识到五石散不仅不能延年益寿反而会对身体造成伤害。他忧心忡忡，指出危害，规劝服药，谁知服药贵族非但不理解，反而怀恨在心，认为淳于意阻挠自己寻求长生不老。

淳于意极力反对服五石散，他严肃指出服五石散的危害性，告诫患者不能随便服用丹石之药。一日，齐王的一个叫遂的侍医患病，遂决定自炼五石散服用，自己治病。

淳于意诊过脉后劝告遂说："你患的是中热。医书上说，中热而致不小便的人，

淳于意墓地

是不能服用五石散的。五石散药性燥烈，切不可服用，再服下去，毒性发作，必生疮痈。"侍医认为淳于意的引述违背了扁鹊的医训。淳于意不同意遂墨守成规而固执的论述，他说："先生所论太教条了。"扁鹊虽然这样说，但是必须详细诊察，依据规范、法则和标准，参考人的动静与呼吸，才可以下结论。侍医不听劝告，之后百多天，因病去世。

　　齐王侍医迷信服五石散，至死不悟，体现了当时服石流派的风行。淳于意以自己的医学理论驳斥了服石派的教条理沦，齐王侍医的死验证了其反服石理论的正确。这对汉代服石迂论和服石风气都是有力的打击。淳于意是我国医学史上最早反对服石求仙的人。

炼丹雕塑

知识加油站

　　炼丹：是古人为追求"长生"而炼制丹药的方术。大约开始于战国中期，秦汉以后开始盛行，两宋以后，道教提倡修炼内丹（即气功），"丹鼎派"风行一时而排斥外丹术；直到明末，外丹火炼法逐步衰落而让位给"本草学"。

淳于意雕像

第九章

名医精神传后代 仓公诊籍铸医德

一代名医仓公淳于意的贡献是巨大的，他首创的《诊籍》，到底有多么重要的历史意义？他精通的脉诊，到底有哪些特点？他广收学徒的方式到底起到多大的促进作用？

淳于意在医学上的最大贡献是首创《诊籍》。随着时间的流逝，淳于意看过的病人越来越多，许多过去他看过的病人，再遇到病又来找他，他已经记不清以前是怎样的诊断和开出什么药方了。还有些疑难病症过去看过，可当时的方剂并没有保留，现在又要重新做起。这样往往重复做类似的和相同的工作，事倍功半，更重要的是不利于积累和总结经验。怎么解决这个问题呢？淳于意开始注意在诊断时随时记录病人的情况，并保存起来。从此他所诊治的病人，都留有病案，内容涉及患者的姓名、职业、居处、病名、脉象、病因、治疗、用药、疗效等。他把这些病案装订成册，起名叫《诊籍》。这些病案，《史记·扁鹊仓公列传》中也记录下了二十五例。《诊籍》成为我国最早见于文献记载的医案，其体例则为后世病例医案的创始。

淳于意在医学上的第二大贡献是发展了扁鹊的医学理论。对经络在人体中的分布部位，淳于意也已经形成了明确的认识。在对病人进行诊断时，已经能根据经络理论进行脉诊，并以这一理论分析病因、病情和预后。

淳于意在医学上的第三大贡献是改变了医术的传授方式。古代传播医术是非常神秘的单传方式，是不能公开收徒的，这样很不利于医术的传播。淳于意不计较个人得失，敢于打破传统旧俗，把原来十分神秘的医学传播方式变为公开的带徒教授方式，避免了医术的失传，有利于医学队伍的扩大。淳于意曾先后向宋邑、王禹、冯信、杜信、唐安等人传授医术，可谓是桃李满天下，带出了一大批优秀的医者，在当时临菑、菑川、济北一带形成了一个初具规模的齐派医学群体。

在古时，医术被视为一种谋生的秘术，许多身怀绝技的医者只将自己的医术传授给亲近之人，因而造成许多神奇的医术不能施惠于广大百姓，甚至失传。淳于意学艺之时，他的恩师公孙光和公乘阳庆都曾告诫过他，不要将所

淳于意雕像

学医术另授他人，淳于意也做了保证。可是，当他成为国医圣手后，很多慕名前来的人追随他的学医技术，淳于意不吝赐教，把自己的毕生医学毫无保留地传授给了临菑宋邑，济北王太医高期、王禹，菑川王太仓马长冯信，以及高水侯家丞杜信，临菑召里唐安等六人。他根据各人的特点，授予不同的医疗技术，如教宋邑学五色诊；教高期、王禹学习经脉高下，施用镵石砭术；教冯信以药法；教杜信、唐安上下经脉和奇咳术等，把自己的医术很好地发扬光大了，善莫大焉。淳于意是秦汉时期文献记载中带徒最多的一位医家。

淳于意深知只有优秀的医生越来越多，天下的百姓才有更多的机会得到良医的诊治，尽快祛除病痛。于是，他打破传统授徒模式的局限，公开授徒传教，对后世医学的发展产生了深远的影响。医圣张仲景曾在《伤寒杂病论》序文中写道："上古有神农、黄帝、岐伯；中古有长桑、扁鹊；汉有公乘阳庆、仓公（淳于意）；下次以往，未曾闻也。"

生活在西汉初期的淳于意正处于生产力和科学技术急剧发展的时代，此时期为科学文化的继承、总结和发展提供了历史机遇。淳于意

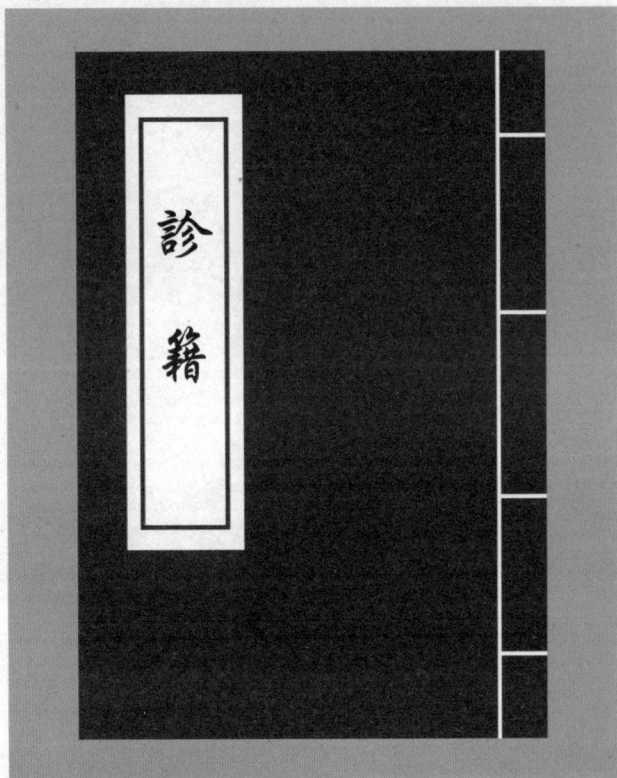

《诊籍》

承袭了先秦医学的活水源头，在临床实践中不断丰富、完善，为东汉末年临床医学体系的成熟奠定了基础。《诊籍》中蕴含的医学思想既有时代赋予的历史特征，又具备淳于意独特的个人风格。

　　记录病案，总结得失。早在西汉之前的文献典籍中就有病案的记载，但《诊籍》以其完备的体例，翔实的记录，开创了后世撰写医案的先河。《诊籍》与扁鹊治疗虢太子尸厥的行医记录相比，删去了冗长的描述性文字，而以严谨科学的语言侧重于对疾病诊疗过程的详细记录。淳于意这种自觉记录病案的做法既是医学发展的需要，同时也与淳于意曾遭受医狱有直接关系。据考证，淳于意《诊籍》中病例大都撰写于汉文帝十三年（公元前167年）之后，曾经的牢狱之灾也成为淳于意时刻记录病案的关键因素。总之，淳于意自觉记录病案，总结得失的做法有利于医学的传承，为后世保留了珍贵的医史文献。

淳于意医学成就的取得，是其继承先秦时期医学典籍，并在实践中不断创新和发展的结果，其在实践中形成的医学思想亦是成功的基本原因之一，而这些医学思想对现代中医药的复兴仍有重要的借鉴价值。

淳于意自觉记载医案，说明西汉初期记载的医案已成为医生总结经验、提高医疗水平的有意识活动。这种自觉记录病案的行为对现在病历的记录仍有借鉴价值。今天对病案的要求，比之前代更加严格，不仅是为了把学术经验记录保存下来，而且是临床工作中十分重要的一个环节。淳于意不仅是位医术超群的医学家，同时也是位成功的医学教育家，他能够根据学生的自身资质和兴趣爱好，对不同的学生教授不同的医学经典，而这种因材施教的教育方式为现代的中医人才培养提供了宝贵的经验。

知识加油站

镵石：针灸用的石针。《素问》："岐伯曰：当今之世，必齐毒药攻其中，镵石、针灸治其外也。"

三因学说：即隆、赤巴、培根三种因素，是藏医学的理论核心之一。

夕阳西下

第十章

参看仓公行医史 记录古代中医观

从仓公的行医经历，我们还可以学到很多做人做事的道理。还可以看出，当时的年代，医者不光要有精湛的艺术，对医德的要求也是极高的。在当时形成的中医理论中，还包含着很多哲学思想和科学的态度。

西周以前，中国的医学发展还很缓慢，当时，看病主要是找巫医，但是，人们对许多疾病，已经开始有了较深入的认识。到了春秋后期，由于天子的威信开始下降，对神明的迷信也开始动摇，巫医的势力开始衰落，专门以治病救人为主业的专职医生开始出现。《左传》出现了秦国医生替晋侯看病的事例记载。到司马迁的《史记》中就有了比较完整的医学案例，并且记录了著名的医者，淳于意就被记录在《史记·扁鹊仓公列传》中。通过对仓公的解读，我们可以对中国古代的医学思想有一个概括的了解。

仓公淳于意是汉代名医，《史记·扁鹊

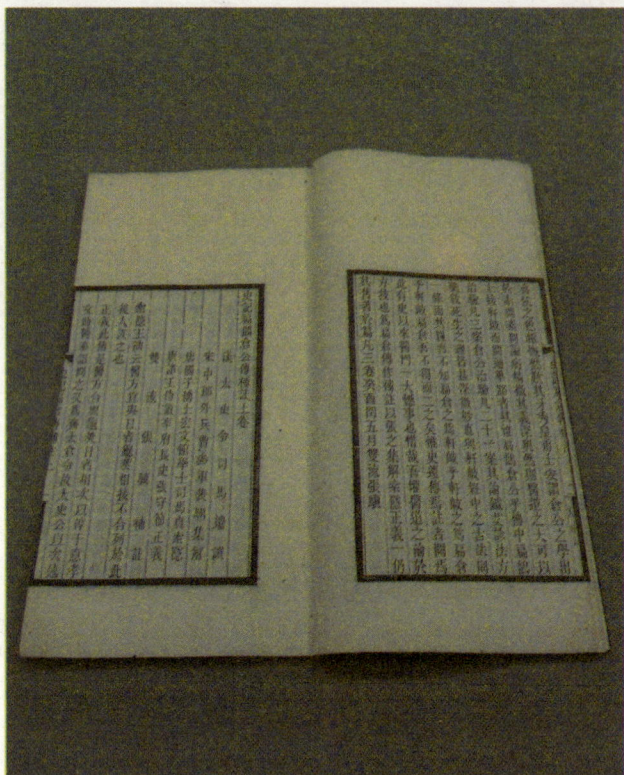

《扁鹊仓公传》内文

仓公列传》记载："太仓公者……五色诊病，知人死生，决嫌疑，定可治，及药论，甚精。受之三年，为人治病，决死生多验。然左右行游诸侯，不以家为家，或不为人治病，病家多怨之者。"参照古今的各注解，"五色诊病，知人死生，决嫌疑，定可治"大多解释为：仓公在给人治病之前，通过诊断，先要确定病人的治病法则或者是否可以医治。而"或不为人治病"通常解释为仓公有时候会故意不给人治病，尤其是不给统治者治病。仓公的这个做法确实会让人产生疑问，身为医者，这种行为是否有不妥之处。而通过《史记·扁鹊仓公列传》的记载，仓公的这种做法跟扁鹊"六不治"之法则可能有相通之处，就是对于某些没有德

青山秀水

医 YI
籍 JI 长 CHANG
存 CUN

116

淳 CHUN
于 YU
意 YI

行或注意自己身体健康的人也不医治。两者都有其个性，也许名医都有这样固执、执着的看法。

仓公记载的案例多一些，也是由于他得罪了某些达官贵人，导致被诬告得罪要被动刑的结果。仓公被女儿缇萦所救，之后又被汉文帝下诏召见，而仓公也抓住了机会对文帝详细讲述了自己很多有代表性的行医案件。

而淳于意本人从来不夸功自诩，只是按照实情，如实反映疗效。如汉文帝询问他治病的效果时，他毫不掩饰地说出在诊治中出现的失误，更不吹嘘自己能使病人起死回生。

从《史记·扁鹊仓公列传》可以看出，春秋至西汉时期中国的医学水平已经有了长足发展，而且透过淳于意的医疗事迹和行医例案，详细记载病者姓名、病状、诊断、病理分析过程，用药理由和治疗结果等，充分反映出淳于意的技艺精良与实事求是的医学态度。由此也可以看出，在汉朝时期，医生行医已经形成了一定的中医学理论体系，为中医的发展打下了坚实的基础。

知识加油站

《扁鹊仓公列传》是西汉史学家司马迁创作的一篇传，是《史记》列传中的第四十五篇。这是一篇记叙古代名医事迹的合传。一位是战国时期的扁鹊，另一位是西汉初年的淳于意。通过对两千多年前享有盛誉的名医业绩介绍，使人了解到中国传统医学在西汉前期已有较高的水平。

西安扁鹊纪念馆

后记

淳于意，虽然后世人知道他的不多，但他作为造福一代的名医，自然流芳千古，万代敬仰，因而后人也都寄托怀念之情，有多处归葬之所。通过探查古代记载，淳于意的墓地有多处，可查找文献之后发现，现在还可以寻访的也就是如下几处：

一、黄县淳于意墓

清嘉庆十五年（1810年）修《淳于氏家谱》载："黄县朱由镇淳于意村淳于氏家谱中载：'古墓具存，黄邑城南，丹岭隋家村东南，亦有古墓，碑石犹存，但历史久远．剥蚀难辨。'闻先代所说，此前汉意祖墓也。"墓地在下丁家乡丹岭村。此处四周环山，中央似一小盆地，西山坡下为丹岭村，村东南一箭之地，即淳于氏墓地。该墓地在新中国成立后，因村民多年用土挖掘，面目皆非，几不复存，墓亦不可辨。据了解，当地民众未见任何出土文物。原墓碑为白石雕刻，碑身古朴，已被砌入场院墙壁，字迹不可辨识。

二、泰安淳于意墓

《泰安县志－卷四》（民国18年版）古墓条载："在中正区满庄韩姓茔北，墓方十二步，高八尺，清光绪间施植柏树七株，颇壮观。意临菑人，仕齐为太仓令，廉平，号太仓公，因

淳于意墓地

误被捕……意精于医，因地施治，史迁识之，与扁鹊合传，意后裔家
乘（乘，亦作载），意墓在奉高，是得此可实其说。"又《泰山药物志·卷
四》鳞虫部载："斯湾在泰山南二十公里，淳于庄南，灌庄北首。淳于
太仓公之姓，名意。汉为齐奉高令，精于医，太史公以扁鹊与仓公合传，
葬奉高即泰安也。其陵在中淳于庄西，乃满庄韩氏先茔北邻。"1991
年张奇文《山东中医药志》载："淳于意墓在泰安城南偏西，距城约20
公里，离满庄镇约2.5公里，墓基呈正方形，边长约18米，四个围边
整齐美观，墓居其上呈半圆形，高约5米，西边植幼杨数株，全墓矮
草丛生，被覆良好，无挖洞、掘土痕迹。"

三、淄博市临淄区淳于意墓

　　1991年《山东中医药志》载：临淄区古墓遍野，目前境内封土高大之古墓156个，其墓基周长数十米至100余米不等，形成了庞大的"临淄墓群"，淳于意墓是其中之一。清光绪三十三年（1907年）《益都县图志》载："淳于意墓在仁智乡夏庄西南，有三墓，西一为意墓，余不知何人。"现临淄区大武乡夏庄村，在清光绪年间为益都县仁智乡。查东夏庄西南有古墓三座，呈"品"字型排列，分布在500米方圆之内，东为曹家墓，北为方家墓（近年用土夷为平地），西墓地俗称大墓，历代相传为淳于墓。在乡土民众中尽人皆知。当地有关淳于意的传说甚多，至今流传不衰。据说，清道光年间，西夏庄一苗姓文士，为考取秀才，前注青州府云门书院应试，其中一题是："缇萦何许人也？"当场苗某未能答对，故而名落孙山。及至回乡，方悟村外有淳于意墓，开卷即得缇萦上书救父故事。为此懊悔莫及，叹息不已，说："是所以未取者，命也。淳于意、缇萦救父故事在乡里，竟然忘怀。"此后，苗某未再赴考。

淳于意墓地

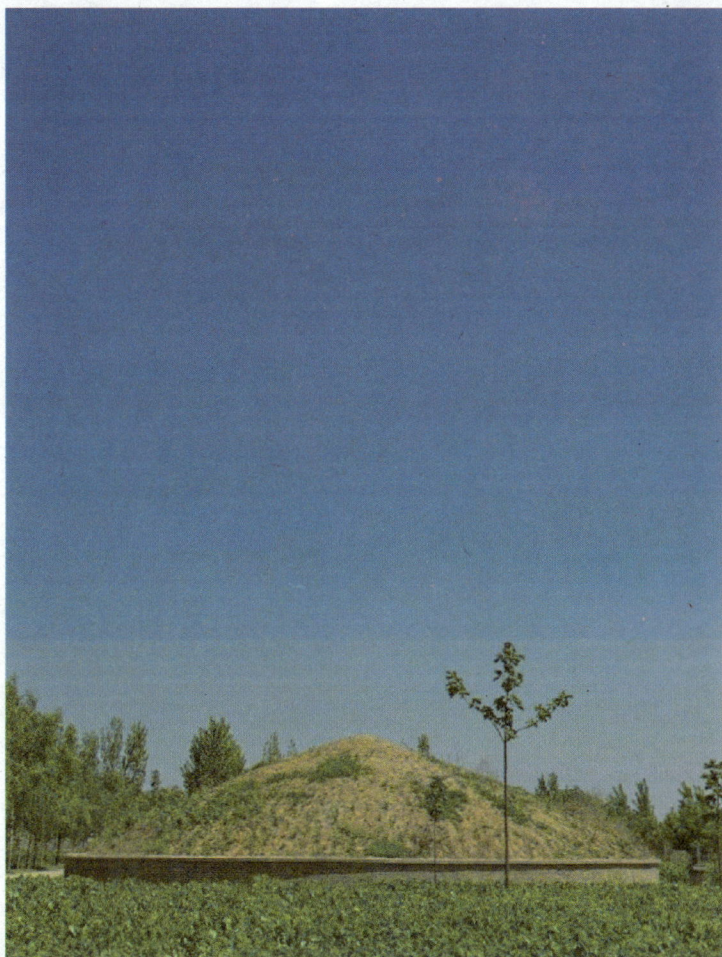

淳于意墓地

淳于意墓位于东夏庄西南约 500 米。墓高约 10 米，墓周长约 100 米，该墓与东邻窝村之淳于鬓墓相距约 2 公里（鬓墓大于意墓 6 倍以上），两墓东西对应，雄伟壮观。意墓南为爬头山、宫泉峪、北大岭、黄山等，群峰突冗，连绵不断；北邻铁山、凤凰山、愚公山、路山，众山相峙，巍然耸立。墓前有东西古大道，名曰赶牛沟，东邻乌河源头，淳于意墓正置此山水相依、古道长驱、最色秀丽、居高临下的环境中。